臺灣教育評論學會
2021年度專書

學校退場與轉型

黃政傑　策劃
李隆盛　主編

林海清、姜韻梅、葉建宏、葉貞妮、陳麗珠

吳善揮、黃宇仲、張智傑、林新發、賴玉粉

林佳靜、唐彥博、王如哲、劉秀曦、黃政傑

何慧群、Duc-Hieu Pham、姜秀傑、范振德

永井正武、王則閔、張永仁、詹盛如

李隆盛、陳裕昌（依寫作篇章順序排列）

合著

五南圖書出版公司 印行

理事長序

少子化是世界許多國家遭遇的共通問題,我國亦不例外。邁入二十一世紀以來,此一危機愈來愈嚴重,不單是家庭、社會、經濟和政治受影響,教育領域也受衝擊。國內各級學校多年來面臨招生不足和減聘教師的壓力,辦學經費相對減少,教育品質降低,若不轉型發展,嚴重的話還要關門退場。

純就少子化社會生源減縮而言,學校可憑供需平衡的原則去處理。以中小學而言,通常會用減班來因應,經費夠的話則維持班級數不變但減少每班學生數。大專校院的因應之道則為減少科系所和學程數量及招生名額,透過廢除、合併或改變不受歡迎的科系所來調整,也可以強化國際招生,只要學校依舊存在,就可轉型發展,設若轉型發展沒有起色,招生仍然嚴重不足,才是走到退場之路。不過,學校遭遇轉型或退場的壓力,不純是少子化因素造成,學校辦學成績、特色、聲望、品質、地理位置等常是關鍵;而辦學能否因應社會變遷之需求,持續不斷調整方針,及早規劃轉型發展方式並落實執行,也是成敗之所繫。

少子化不代表學校必須退場,學生數減少,學校也可以小而美地經營;而個別學校經營不下去,尚可進行校際合併,另創新局。觀察少子化時代國內現有學校之辦學,有的迅即隕落,停招、停辦、退場,但有的能符應社會需求、重視辦學特色和品質,反而逆勢提升,有的及早轉型發展,也能辦得有聲有色。轉型成功的學校若能分享相關經驗,學校互相學習、互相激勵、互

相協助，可避免邁向退場。有鑑於此，本會2021年度專書以學校退場與轉型為題，邀請專家學者撰文，以利各界理解及面對學校轉型和退場的問題。

　　本書內容涵蓋國內中小學及大專校院之退場及轉型發展，論及學校經營、預警、危機、創新、轉型等多元主題，亦有香港及美國經驗之探討，頗具參考價值。為確保品質，各篇文章均經匿名雙審通過始予刊登。本書之編輯，先要感謝李隆盛主編之高瞻遠矚，全力投入規劃。其次要感謝本書作者惠賜鴻文，分享所見所思所感。再次要感謝各篇文章之審查委員，提供寶貴意見供作者參考修訂。本書編輯期間陳麗文博士協助編輯計畫之執行，本會理監事參與擘劃，葉興華祕書長及編輯部同仁負責本書編輯之相關事宜，特此致謝。本書之順利出版，謹向五南圖書出版公司致上深致謝忱。

臺灣教育評論學會理事長

黃政傑

2021年1月

目　次

第一章

偏鄉學校的轉型發展

林海清

中臺科技大學文教事業經營研究所講座教授

一、偏鄉學校面臨的挑戰

偏鄉學校人口較少、資源不足，受到少子化影響，如同雪上加霜，面臨裁併危機。本文針對偏鄉教育的發展現況所碰到困境以及解決策略，提出轉型發展之建議，以提供關心偏鄉教育發展的政策規劃與實務發展之參考。

學校因應地方的發展需求而設置，在戰後嬰兒潮入學之際，學校設置的規模趕不上學齡兒童的入學需求，因此大班級人數的教學，二部制的教學，借用其他公共設施的因陋就簡措施因應而生。度過咬緊牙根的奮鬥歲月，由於經濟條件的大幅改善，學校設施不斷的擴充增置，加上人口政策的妥善控制，使得我們學校的空間與設施持續的改善，躍居為開發國家之林。曾幾何時我們很快淪為少子化的國家，加上經濟市場的更迭，產業環境的推陳出新，就業環境的改變，人口移動受就業市場影響，很多偏鄉地區受到少子化及人口外移影響，致學齡人口萎縮得很快。以2017學年度核定之中等學校以下偏遠地區學校校數計1,177所，占全國比率近3成，其中偏遠、特偏與極偏等地區校數分別為825所（占70.1%）、212所（占18.0%）及140所（占11.9%），學生人數共計11萬7,488人，已占全國學生數之4.7%（教育部，2019）。另再以2014到2017學年度之間，偏鄉國中小占全國的比率，也已經從32.82%提升到33.02%（王慧蘭，2017；何俊青，2017，2019b；曾大千等，2014）。這些學校面臨空間與設施的過剩，除了教職人力可以適時調整外，偌大的校舍空間閒置形同荒廢，殊屬可惜，於是有廢校撤校或整併小校之議，對地方校舍區域的發展形同雪上加霜，加速偏鄉地區、部落社區的萎縮凋零。因此，偏鄉學校的因應轉型發展成為迫在眉睫。

二、偏鄉學校發展的困境

根據《偏遠地區學校教育發展條例》（2017）第4條的界定，所謂的偏遠地區係指：「因交通、文化、生活機能、數位環境、社會經濟條

件或其他因素，致有教育資源不足情形之公立高級中等以下學校。」偏鄉地區生活機能不足，其中除交通、生活機能因素外，包括文化、社會經濟條件及數位環境均普遍較為缺乏。也就是說，偏遠地區的認定並不只於字面上的地理偏遠，而是包含所有造成教育不利狀況的各項因素。

現況的臺灣在人口方面已呈現高齡化及人口成長率持續下降趨勢。從1971年與2010年人口數分配情形發現，臺灣偏遠地區學校教育與發展，144鄉鎮人口往都市移動，導致鄉鎮人口數減少而都市人口數增加（林海清，2019；湯志民，2019）。偏遠地區學校在社區產業經濟榮景不再，復遭遇少子化與都市化的雙重衝擊，更影響到偏鄉學校的生存發展。偏鄉小校的問題包括：不符成本效益原則，導致教育資源浪費；學校經費與人員較少，難發展多樣課程及教學活動；學生缺乏同儕競爭，學習動機較低；文化刺激不足，不利學生學習發展；學生社會互動與人際關係學習較為不足；行政編制少，工作超量；設備不足，影響教學效果；學校特色發展容易因成員異動而中斷，缺乏延續性（秦夢群，2013；郭昭佑、張廷祥，2019）。

偏鄉地區的學校也由於當地社區文化不利、經濟條件不佳，正面臨「教師流動率高」、「人口萎縮」以及「偏遠地區家庭教育資源缺乏」等嚴厲挑戰。偏鄉地區如果沒有產業發展，年輕人就沒有就業的環境，因此向外尋找工作機會是不得不做轉型的選擇。學齡人口也跟著家長外移，學校因為招生數不足而面臨裁併學校的窘境。主管教育機關雖然處心積慮制定公布《偏遠地區學校教育發展條例》，期望齊心推動落實偏鄉教育之輔導以促進發展，目標方向正確，希望能重塑偏鄉教育的面貌，也是社會各界共同關注的問題。

然而，現在有愈來愈多地處「非山非市」的弱勢學校，也面臨著產業轉型、經濟發展重心移轉及少子化的衝擊，導致偏鄉地區人口外流，社區部落人煙稀少，學校氣氛蕭條。復由於生活機能欠缺，除了假日偶有返鄉或外來觀光人口外，大部分時間缺乏熱絡互動的氛圍。相較於市區學校，偏鄉學校必須為弱勢家庭承擔更多的教育責任。偏鄉的教

師是偏鄉學生的重要支柱，是偏鄉學童的重要啓蒙者，尤其是在偏鄉社區，隔代教養、單親家庭、失親、失業、家暴、性侵、吸毒等問題較多，影響弱勢家庭的扶助。偏鄉教育不單單只是教育問題，偏鄉教師必須承擔更多的家庭教育或親職教育的責任，甚至是協助社區營造與經濟扶助的責任（范熾文、張文權，2019）。

三、偏鄉學校發展轉型的契機

　　檢視世界各先進國家爲解決地域偏遠，物質或經濟極爲貧乏或不利，需優先予以改善，以利教育機會均等，實現的地區規劃有教育優先區（Educational Priority Area, EPA）計畫。以英國爲例，教育優先區一詞首度出現於1967年英國的The Plowden Report中。該報告書引用英國曼徹斯特大學（Manchester University）威斯曼（Stephen Wiseman）教授的研究指出：影響兒童學業成就之最主要因素爲家庭環境，而且兒童年級愈低，則受環境因素影響愈大。其報告書也建議英國政府：爲避免物質或經濟貧乏，不利地區兒童在起跑線上立於劣勢，危害教育機會均等的理想，應積極介入改善這些地區學校之校舍與社區環境（The Plowden Report, 1967）。日本自1954年陸續實施偏遠地區教育振興法，1959制定偏遠地區教育振興法施行規則，明確國家和地方公共團體在振興偏遠地區教育的各項政策方針，復歷經數次修正，成爲一套完整的偏遠地區教育振興法規，對保障及促進日本偏遠地區教育的發展助益甚大。韓國於1967年頒布島嶼及偏遠地區教育振興法，2007年修正明訂對偏遠的孤島、山區、塡海區等地區義務教育提供必要的教育設施及免費供應教科書，提供教師住宅及服務津貼等。其他諸如英、美、法、德、瑞典、印尼與中國大陸等國家的最新教育政策規劃，都分別提出留住偏鄉學校教師及提升偏鄉學校教學品質的方案，包括：提高偏鄉教師薪資、放寬偏鄉教師之聘用資格、建置偏鄉與市區學校夥伴關係正式交流管道，進行討論並喚起普遍重視此一議題（林海清，2019；鄭同僚等，2008；OECD, 2012；Mukeredzi, 2016）。

　　回顧我國從1995年起開始積極執行「教育優先區」工作，首先將地層下陷地區、地震震源區、山地離島區特別建造學校，至今仍在持續推動，且補助對象不斷調整，包括：原住民學生比例偏高之學校；低收入戶、隔代教養單（寄）親家庭、親子年齡差距過大之學生比例偏高之學校；國中生學習弱勢學生比率偏高之學校；中途輟學率偏高之學校；離島或偏遠交通不便之學校等。教育部於2015年公布「偏鄉教育創新發展方案」與「偏遠地區學校教育安定方案」等，分別以小規模試點方式辦理，主要是在傳承偏鄉地區獨有文化與促進其教育機會均等及永續經營發展。在安定方案中則規劃偏鄉教師宿舍環境改善、推動合理教師員額、行政減量、教學訪問教師機制與建置教育資源媒合平台等。對偏鄉教育的補救措施、教育機會均等的實踐、弱勢教育政策、偏鄉學校的活絡與轉型發展，即至2017年制定公布《偏遠地區學校教育發展條例》，旨在實踐教育機會平等原則，確保各地區教育之均衡發展，並因應偏遠地區學校教育之特性及需求，特制定條例專法。

　　受到國際的啓示，政府爲落實均衡城鄉教育發展，縮短地區性教育差距，每年挹注經費可說是不遺餘力。政府基於憲法保障教育機會均等，縮短城鄉教育差距，有效提升人民素質等因素，持續地進行政策規劃與經費投入，可是由於政治、經濟、社會環境變化快速，產業結構改變，出生人口持續下降，就業環境不易，即使爲中南部一般鄉村型地區，都因人口老化而經濟遲緩，交通不便的偏鄉或離島地區更加不易。教育部（2016）揭示「推動偏鄉教育創新，弭平城鄉教育差距；整合扶助經濟弱勢學生就學措施，落實社會公義關懷；持續推動族語課程，傳承原住民族語言文化；完備就學安全網相關措施，落實身心障礙學生融合教育」等內涵。但是偏鄉地區依舊是師資流動率高，矛盾的是學校留不住有意待下的教師，雖然徒有山海美景，依然是人煙稀少，偏鄉的沒落每況愈下，可說是整體社會發展與城鄉擴大差異的問題。

　　由於偏鄉地區若進行裁併校對社區部落發展猶如雪上加霜，因為偏鄉學校是社區文化的精神堡壘，具有保存當地特殊知識及文化的功能（陳榮政，2019）。偏鄉學校之不存，反而加速社區文化與經濟環

境的萎縮，在民意及立委的諸多關注下，教育當局終於體認到偏鄉教育的重要性，自2018年公布《公立國民小學及國民中學合併或停辦準則》，其中第4條提及：「學校新生或各年級有一人以上者均應開班」，並積極確立偏鄉教育的主體價值，落實憲法保障國民的受教權利，推出《偏遠地區學校教育發展條例》，改變思考重點，本諸「振興角度」來研訂教育政策法案，對偏遠地區學校的校務發展提供更多的運作彈性（周愚文，2019)。例如為穩定偏遠地區學校師資，特別規範採取積極措施，讓具熱情且願意深耕偏遠地區學校的教師得以久任，以降低教師流動率；訂定正式教師留任年限：對於透過公費生分發或專為偏遠地區學校辦理之專任教師甄選錄取者，規定應服務滿六年以上；保障並培育公費生名額：為落實地培、地用之精神，各師資培育大學應保留一定之師資職前教育課程名額給偏遠地區學生，並得依學校需求，提供公費名額或開設師資培育專班，讓在地人回鄉服務，減緩流動率；訂定彈性之代理及專聘教師制度；提供校長、教師特別獎勵及久任獎金：針對在非偏遠地區學校服務成績優良且自願赴偏遠地區學校服務之校長及教師，給予特別獎勵；支持偏遠地區學校學生學習部分，包括採取提供安定學習環境、合宜之教學及輔導人力、多元學習資源等，以提升學生學習動機及成效等。

地方教育主管機關應以國民中學學區為範圍，於偏遠地區學校置專業輔導人員或社會工作人員，以維護學生身心健全發展。偏遠地區應設立國民小學分校或分班：為協助國小學生就近入學，符合一定地理、交通條件且國小學齡學生人數達15人以上者，地方主管機關應設立分校（班）等教學場所；學生人數未達15人者，地方主管應設立分校（班）等教學場所、安排交通工具或安排學生住宿，以解決通學問題（教育部國民及學前教育署，國中小組，2017）；另提供相關學習活動及兒童照顧服務、鼓勵並補助偏遠地區學校實施混齡編班、混齡教學或學校型態實驗教育、實施特色課程、戶外教育、提供自主學習資源及實施差異化教學，以提升學生學習成效等。立法旨意即在保障偏遠地區學校的教育，除了對於降低教師流動率及提升學生學習品質訂有積極措

施外，並從行政減量、校長連任、教職員專業發展、住宿設施、激勵措施等面向多管齊下，協助偏鄉學校發展，落實教育機會均等與社會公平正義，整體提升偏遠地區學校教育品質（詹志禹、吳璧純，2015）。這是偏鄉學校教育轉型的契機，但教育問題涉及層面相當廣泛，如何統合各部會業務相互合作才能有效落實，是有識之士關心的大事。

偏鄉學校地處深山、海邊、離島或交通極為不便的地區，除了原味的自然生態、山水花鳥等奇風異俗外，產業環境不佳，導致偏鄉學校家長社經文化背景薄弱，單親家庭和隔代教養問題嚴重，家長往往忙於生計而無法對學童的教育提供足夠的支持和協助，以至於學童在教育上的唯一可靠的資源便是學校的教師。但是偏鄉學校教師年齡偏低，雖然年輕教師滿懷教育熱忱，但缺乏資深教師的經驗傳承與分享，如缺乏交流分享機會，則不易促進專業成長。因此，提供教師專業發展的支持系統在偏鄉地區特別有高度之需求（Calabres, 2008）。

檢視經濟合作暨發展組織（Organization for Economic Co-operation and Development, OECD）提出的《教育公平與品質：支持弱勢學生與學校》（*Equity and Quality in Education: Supporting Disadvantaged Students and Schools*）的呼籲，認為經濟弱勢學生因家庭經濟因素，面臨經濟壓力、家庭功能未能支持，以及教育品質與機會的不公平，導致其學習成就低落、輟學率高之結果，不利於整體教育系統的良性發展。如今有專法明示規範，對「社會文化不利」中同屬憲法例示保障類別之一的地域弱勢與經濟弱勢，其法制建構已趨明確，值得肯定（World Bank European Union, 2016）。為促進教育專業的作為與發展，創造適度彈性制度和法規、提供偏鄉教師多方支持資源和環境、激勵人員實踐專業，以提升偏鄉學校的吸引力和教育績效，讓教師流動形成一個良善循環，則偏鄉師資問題改善或解決當能實現（葉連琪，2017）。在強化教學支持系統、提升教師教學實踐智慧方面，除了鼓勵偏鄉教師成立跨領域或跨校的專業學習社群，以進行課程與教學上的交流學習，激發學習的動機與熱情。特別是偏鄉地區與山林為伍，原始生態的風貌可以塑造與城市不一樣的風貌和功能區分。例如山區、海邊

或離島學校可運用其自然生態風貌配合新課綱精神，規劃具有偏鄉特色的課程與文化，一方面保持偏鄉自然景觀、聚落文化風貌，同時透過環境生態教育和休閒旅遊教育，進行城鄉學習資源的交流，增進其附加功能，提供鐘鼎山林不同需求的選擇。又如具原住民傳統文化背景的學校可與部落合作，發展成為具有原住民特色風貌的學校與社區，除了保留原住民傳統的優秀文化外，還可提供不同族群的體驗與交流，增進彼此的互動與了解，塑造內涵豐富的原民情懷，則偏鄉因為自然的地景地貌，傳統特色的文化習俗及結合創新發展的文創商品，提供城市人口休閒旅遊、修身養性教育的另類選擇，進而吸引離鄉人口返鄉創業或就業之誘因，培塑建設多元豐富具有特色風貌的新社區，則培育新時代的人才，整合特色文化與時俱進的新境界，再造偏鄉風華必將預期可見。準此，偏鄉教育發展因為政策專法的支持如能扎根耕耘，永續發展，創造其美麗的願景。惟培育具有原鄉情懷與豐富涵養的熱忱工作者，投入偏鄉教育建設大業是重要關鍵，如何運用專法的誘因只是保障其既得利益，宜重新務實檢討，徹底改善以利偏鄉教育發展。

四、偏鄉學校轉型發展的策略

偏鄉資源的重組、技術與觀念的更新和改變，做事的方法與合作模式之變更，這些革新包含縱向與橫向的學習力與表現力之發展和能力建構（capacity building）之發展，形成個體、組織和系統的共同創造與演化，並逐步造成範式轉變（徐明和，2019；Schraad-Tischler & Schiller, 2016）。陳榮政（2016）認為透過實驗教育與創新、數位融入共學、資源媒合與社群以及典範分享四個層面，提升偏鄉教育品質與學生學力基礎，同時將學校發展為該地區的多元功能中心。而關於弱勢學生的補救教材相關資源，則可研發一套有利於弱勢學生學習的課程、教學方法，讓學習變得更輕鬆有趣。

為喚起重視重燃偏鄉教育的熱忱，急需建置偏鄉學校的支持系統，運用教育支援系統，建置教師輔導諮詢平台，包含教師合作、專業發

展、鄰校或大學夥伴等精進教師專業成長，培養教師成為學習專家與教學實踐能力，有效提升學生學習成效。綜合運用的教師領導、教學領導、課程領導、教學實踐之概念，建置交集互補或循環之互動支援等關係，其功能在協助教師發展出具生產力與滿意度之工作士氣，以達成課程與教學改革的預期目標。教師支持系統其內涵包括心理支持、社會支持、專業支持、行政支持、學校支持、家長支持等。運用學校空間的特色規劃，促進偏鄉學校活化及教育創新，並充分發揮校園空間價值，賦予學校新生命，推動偏鄉國民中小學發展特色學校相關方案，結合在地特色與人文特質，融入產業文化、山川景觀、自然生態、人文遺產等資源，創新經營「特色學校」。擴大學校環境使用的效益，規劃優質化、多元化、豐富化的特色課程發展之學校，則學校不只關注學生學習的表現，更扮演偏鄉地區孩子學習與生活支援的關鍵角色。

　　綜而言之，偏鄉學校少子化的轉型發展策略即是要築基於「鄉土在地化教育」，實施「堅守教育任務」、「創新經營與特色課程」、「生活與學業能力的提升」、「社區聚落發展」等主要策略。偏鄉地區學校的教育並非單純的教育問題，有賴政府各相關部門的通力合作，以及社會各界學者專家及學校共謀對策，整合所需資源，共同推動偏鄉教育，始易見其功。實施過程中宜納入社區經濟、文化、產業、外界資源補助等因素綜合考量，並讓學校有主動提出接受追蹤認定的機制，以免部分學校有實際需求，卻未被納入相關認定規準內。而對於不必要的評鑑及外部會諸多的成果配合事項，教育部要審慎檢討或改善，讓學校教育回歸課程綱要的要求。積極推動「偏鄉教育創新發展方案」，包括：「實驗教育－教育創新」、「數位融入－虛實共學」、「資源媒合－社群互聯」及「看見改變－典範分享」等四大構面。運用「大學在地實踐社會責任計畫」（USR計畫），結合大學、輔導團隊、社會企業、青年與志工資源力量，期望促進偏鄉學生能力提升、扶助偏鄉學校轉型，進而帶動偏鄉地區發展，達到永續經營目的。與「社區協作、青年返鄉」合作策略，推動以學校為核心之社區創新創業。活化校園閒置空間，讓學校成為偏鄉文化中心與社區創新創業基地，活絡在地經

濟，吸引青年回流返鄉。另外，藉由學校發展特色遊學課程，由社區協助接待外來之遊學團體，促進社區經濟、吸引青年返鄉創業目標（吳俊憲、羅詩意，2017）。

　　師資培育大學機構尤需與偏鄉學校間建立一個長期與專業的夥伴合作關係。除了可在師培的正式與非正式課程中融入偏鄉教育有關的內容，同時也要透過多元形式，包括地方輔導、議題研究或專業諮詢等，參與偏鄉學校的教育改革，實際了解偏鄉學校的問題，進而充實本身的偏鄉教育的情懷與抱負。教育主管機關和教育研究機構及都市地區主要學校合作建立夥伴關係，推動偏鄉校長、教師及行政人員之交流及互動支援機制，以實踐偏鄉學校的魅力願景。

五、偏鄉學校轉型發展的做法

　　偏鄉學校轉型發展其具體做法如下：

(一) 因應教育改革的發展推動實驗教育

　　2018年公布實施的《偏遠地區學校教育發展條例》第17條規定：「中央主管機關應鼓勵並補助偏遠地區學校辦理下列事項，辦理成效卓著者，應予以獎勵，並推廣其成果」，其中所列之第一鼓勵與補助項目，即為「實施混齡編班、混齡教學或學校型態實驗教育，提升教學品質」。例如臺中市博屋瑪國小推行泰雅族民族實驗教育，將泰雅族族語文化融入校本課程，採用主題式學習，整合泰雅族文化於語文、數學、自然、社會等各領域課程學習中，發展出具有特色的閩族學校。又如臺中市中坑國小因學生數減少，特規劃辦理混齡實驗教育，將「耶拿教育理念」融入在「主題課程」、「混齡教學」、「適性評量」中，將一學年兩學期改為「四季學制」，推動在地發展實驗教育，獲得許多肯定（徐明和，2019；湯志民，2019）。

(二) 發展自主學習與主題研究的學習課程

例如桃園市規劃3至6年級英語領域正式課程的混齡教學，1至2年級則用非正式課程時間進行混齡之英語體驗活動，並安排空堂時間讓教師團隊成立實驗創新型教學社群，以激發教師成長動力，建立具有偏鄉特色的學校，維持學校的永續發展（陳榮政，2019）。

(三) 學校轉型發展為公辦民營學校

引進民間機構辦理轉型發展，包括實驗教育之課程改革，與社區合作的多元發展，活絡學校，發揮資源整合成效。

(四) 增加偏鄉服務之整合

許多偏鄉學校面臨的社區老化問題，需要社會服務機構的更多支持，例如托嬰學前教育、銀髮族的學習照顧等，針對社區發展需求，偏鄉學校能為整個社區提供更健康友善的學習環境。在社會和保健服務上，為克服學習上之非學術障礙，學校可以透過與各種機構簽訂合作協同來整合資源，成為社區的學習服務中心。

(五) 發展為以生態教育為主軸的觀光休閒中心

偏鄉具有天然美麗的山川風景，學校可整合生態教育與社區的學習需求，轉型發展為以生態教育為主兼具地方社區的觀光休閒中心，保留地方民眾的學習需求並作為生態教育的推動中心，成為具有特色的生態休閒觀光據點。

(六) 青銀共學的學校

偏鄉地區人口流爲兩極化，年輕人口外出謀生，留在社區的除少數的學齡人口外，仍有不少守住家園的銀髮族人口，因此，學校可轉型發展爲青銀共學的樂學中心，其課程與教學設計可共融一堂的祖孫互動，亦可根據不同年齡需求設計的課程活動。

(七) 轉型發展爲地方創生發展中心

政府推動地方創生計畫不遺餘力，可結合多餘空間規劃爲文創課程，並與地方創生發展計畫充分結合，既是課程體驗學習，又是地方創生產業發展之孕育中心，以促進地方發展。

(八) 發展爲地方文化中心

整合在地人才採擷在地文化，發覺在地特色的產業，轉型發展爲地方文化中心，引進社區志工，進行主題探索學習，滿足學童學習興趣，又能保存發揚地方文化。

六、結語

時代在變，人口生態改變，科技進步，產業環境也在改變，十二年國民基本教育也如火如荼在推動之中，關心國民教育之發展是各界的共識。偏鄉學校因地方社區發展的需要而設置，曾經扮演地方人才的培育與文化的傳承發揚創造之功能，立下汗馬功勞與文化保存的定位，如今社會變遷快速，偏鄉學校因人口的減少與流失，不復以往之風華，但基於社區永續發展之願景，國民教育水準之提升，我們應以更前瞻的視野爲偏鄉教育發展把脈，不宜輕言廢校，而是必須基於追求教育公與義的價值理念，運用智慧，發揮創意，尋求策略，整合資源，轉型發展爲

以教育及地方共存共榮之功能需求，發展在地有利之產業優勢，融入大專校院團隊對於偏鄉社區創新創業的計畫，以及偏鄉中小學生對於未來校園與家園的規劃，共同推動社區創新創業，並創造地方新興的就業機會，以發揮學校成為社區精神文化之堡壘。

參考文獻

一、中文部分

王慧蘭（2017）。偏鄉與弱勢？法規鬆綁、空間治理與教育創新的可能。**教育研究集刊**，**63**(1)，109-119。

何俊青（2017）。偏鄉教育問題的迷思。**臺灣教育評論月刊**，**6**(9)，15-19。

吳俊憲、羅詩意（2017）。一所偏鄉小校「轉型再生」之歷程與成果。**臺灣教育評論月刊**，2017，**6**(9)，122-127。

周愚文（2019）。地區小學聯盟的建立與偏鄉教育行政支援系統的運作。載於湯志民（主編），**偏遠地區學校教育與發展**，225-244。國立政治大學教育學院。

林信志、許凱威（2017）。各國改善偏鄉師資策略之啓示。**臺灣教育評論月刊**，**6**(9)，113-117。

林海清（2019）。偏鄉教育的美麗與哀愁。載於湯志民（主編），**偏遠地區學校教育與發展**，211-224。國立政治大學教育學院。

范熾文、張文權（2019）。偏遠地區學校創新的促動因素、實施方式與具體途徑。載於湯志民（主編），**偏遠地區學校教育與發展**，139-164。國立政治大學教育學院。

徐明和（2019）。地方政府創新經營偏遠地區小型國小之探討。載於湯志民（主編），**偏遠地區學校教育與發展**，261-284。國立政治大學教育學院。

秦夢群（2013）。**教育領導理論與應用**。五南。

張德銳（2017）。偏鄉學校的師資問題與對策。**臺灣教育評論月刊**，**6**(9)，01-05。

教育部（2016）。**各縣市政府有關國民中小學廢（裁）併校之實施要點或辦法**。

教育部國民及學前教育署國中小組（2017）。立法院教育文化委員會審議通過偏遠地區學校教育發展條例草案。https://tinyurl.com/nfzhd77p

郭昭佑、張廷祥（2019）。組織再造——偏鄉學校行政之契機。載於湯志民（主編），**偏遠地區學校教育與發展**，89-112。國立政治大學教育學院。

陳榮政（2016）。實驗教育的實施與混齡教學的嘗試。**教育研究月刊**，**270**，54-68。

陳榮政（2019）。臺灣偏遠地區中小學校長校務治理之困境與分析。載於湯志民（主編），**偏遠地區學校教育與發展**，頁41-66。國立政治大學教育學院。

曾大千、陳炫任、葉盈君（2014）。論教育政策之弱勢類別及其法制規範內涵。**彰化師大教育學報，26，**73-96。

湯志民（2019）。**偏遠地區學校教育與發展**。國立政治大學教育學院。

楊智穎（2017）。解決偏鄉學校教師問題芻議：以夥伴協作爲焦點。**臺灣教育評論月刊，6(9)，**12-14。

葉連祺（2017）。偏鄉師資問題與因應對策。**臺灣教育評論月刊，6(9)，**23- 32。

詹志禹、吳璧純（2015）。偏鄉教育創新發展。**教育研究，258，**28-41。

鄭同僚、詹志禹、黃炳德、李天健、陳振淦、周珮綺（2008）。**偏遠地區小學再生之研究成果報告**。教育部。

聯合報（2016）。偏鄉教育也要轉型正義 朝野大團結要立專法。**聯合報，**2016，06月15日。

二、英文部分

Calabres, D. (2008). Strategic communication for privatization, public private partnerships, and private participation in infrastructure projects.

Mukeredzi, T. G. (2016). The "journey to becoming" pre-service teachers' experiences and understandings of rural school practicum in a South African Context. *Global Education Review, 3*(1). 88-107.

Organisation for Economic Co-operation and Development (OECD). (2012). *Equity and quality in education: Supporting disadvantaged students and schools.* https://doi.org/10.1787/9789264130852-en

Schraad-Tischler, D., & Schiller, C. (2016). Social justice in the EU-Index report 2016. *Social Inclusion Monitor Europe*. Bertelsmann Stiftung.

World Bank European Union. (2016). *Equity in education in Europe.*

第二章

國小裁併與轉型：
偏鄉桐林國小的成功經驗

姜韻梅

臺中市桐林國小校長

一、困境：學校成為傳說的威脅

2012年2月我由全臺中市最大校的主任遴選至種滿「龍眼、荔枝、香蕉」的偏鄉「桐林國小」，方圓五公里未見一家「便利超商」和任何「文教機構」的城鄉差距令我吃驚。這時才歷經臺中縣市合併不到一年的校園祥和寧靜，沒有人察覺廢校的陰影已經籠罩，當桐林學生人數驟降至49人，一紙裁併校公文到來，讓親師生、社區居民人心惶惶，不安及焦慮的氛圍蔓延全村。學校即將消失成為傳說的可能性，讓教師人心惶惶「不知未來何去何從？」，擔憂工作不保，不知是否需要提早調職？孩子們想問的是：「校長，我明年還可以繼續在桐林讀嗎？」阿公、阿嬤帶孩子來上課的背影似乎更駝了，老化而無幼孩身影的社區看起來更為淒涼！我早上站在校門口，看著家長騎著機車、載著孩子通過校門往山下的學校呼嘯而去，忍不住問自己：難道我這位「初任校長」，也將成為桐林的「末代校長」嗎？

僅剩49位孩子的校園，讓我和教師、社區不得不認真面對「裁併校」危機。我們盤點學校現有資源、近年校務發展重點，找出桐林目前的五大困境如下：

(一) 學校層面

困境1：少子化生源不足，面臨裁併校

桐林位居山腰，921地震後人口流失，青年人離鄉背井出外工作，新生人口降至每年只有2至5個，故列為裁併校優先考量對象。

困境2：社區老化缺動能，家長無奧援

村子以老人家居多，農忙時期父母無暇看管孩子，孩子交由學校全權處理。產業看天吃飯，家長經濟壓力大，無法配合校務發展。

困境3：周邊缺乏資源，為文化不利地區

周遭資源匱乏，無任何文化醫療設施、商業機構、文教機構，或如

郵局、超商等便民單位，學生放學後無所事事，文化刺激不足。

(二) 教育行政層面

困境4：山上孩子自信心低，缺乏企圖心

山上孩子純樸，較少受不良風氣影響，但也欠缺成功經驗，自我概念低落，對於現在及未來無過多期望，缺少企圖心。

困境5：學校特色不明，缺少品牌認證

校園氛圍安逸穩定，教師安分守己，少與外界接觸互動，心態保守，辦學成果缺乏行銷，外界大多不知本校存在，校務發展特色與他校無區隔化。

二、轉型：打掉重練，全新出發

桐林國小歷經前十任校長精心規劃籌建和發展經營，校地雖然不到一公頃，但麻雀雖小五臟俱全，校務穩定發展，遭逢921地震重建的校舍在青山綠水環繞下美輪美奐。但是隨著社會結構的改變，鄉村人口大量遷移，以及臺灣少子女化情形嚴重惡化等情形，偏鄉桐林走過921地震卻抵擋不了少子化引起的「裁併校」困境，學校如需繼續存在，亟需我們立即處理，絲毫不能懈怠。

面對困境，我們沒有說不的權利！但是，一所面臨裁併的學校要如何翻轉重生，確實難倒了我這位初出茅廬的新手校長。於是我帶著教師行政團隊、家長會、社區發展協會等內外部單位，歷經半年到一年的各項會議討論、典範參訪、專業精進、社區對話等，桐林親師生從思維改變，重塑願景「永續桐林」開始，建立眾人共識目標，堅信理念創新，進行環境軟硬體改造，以及教師專業精進，並且翻轉學生學習方式，同時邀請教育合夥人家長、社區人士一起投入，同步進行規劃、執行與改造，呈現學習成效質與量的大躍進，型塑桐林品牌，打造特色吸引區外學生就讀。

　　發現問題、面對問題、了解學校問題的關鍵之後，團隊以「永續桐林」爲願景，企盼打造一所「公立的森林小學」，吸引區外學子就讀，解決少子化問題。故在釐清教師教學、學生學習、社區發展與學校經營方向需求並找出具體解決目標後，提出營造偏鄉桐林國小的「三階段、四大系統、五大元素、六全學習」領導經營策略，一步一腳印，逐步打造桐林，深耕變革，達到蛻變再生，重塑一所優質卓越的學校（姜韻梅，2018）。

　　三階段領導經營目標爲：

・階段一：2012～2014學年度「愛在桐林—精進求存」。
・階段二：2015～2016學年度「樂活桐林—協作成長」。
・階段三：2017學年度～迄今「精采桐林—優質卓越」。

　　團隊依照三階段之目標需求，以圖2-1所示「四大系統、五大元素、六全學習」領導策略經營校務，提出策略辦法，解決問題，依序說明如下：

(一) 四大系統

　　以學生爲中心，發展緊扣連結影響孩童學習成長的「家庭」、「學校」、「同儕」和「社區」的四大系統功能，協助兒童成長發展，並支援校務運作。

(二) 五大元素

　　輔以「自我領導」、「在地文化」、「生態環境」、「社會資源」、「世界觀點」等五大元素，規劃特色的課程學習，內外部資源協助，增加孩子的正向互動歷程，拓展人生經驗。

(三) 六全學習

以學生為中心，360度全面發展，用「全新思維」、「全心付出」、「全人教育」的學習方式，培養素養能力，並協同教師、家長、社區、外部單位等，「全員參與」、「全時陪伴」，達到「全面共好」境界。

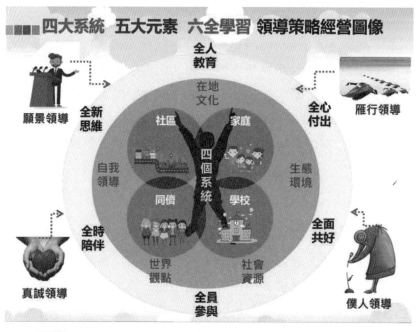

圖2-1 「四大系統、五大元素、六全學習」領導策略經營圖

桐林團隊深知趨勢已經改變，原先願景無法解決學校困境，全校同仁經由SWOT分析，找到桐林的優勢（strength）、劣勢（weakness）、機會（opportunity）與威脅（threat），修正願景為「永續桐林」，以「四大系統、五大元素、六全學習」等經營領導策略，藉由文化傳承、藝術涵養、關懷生態、多元展能、親師合作等，激勵親師生合力開創桐林新局面，建立永續發展的新校園氣象，獲得眾人的肯定認同，邁向新局面。

三、風華再現：金質非凡，精采桐林

　　歷經多年的努力與奮鬥打拚，桐林親師生發揮潛能，發展優勢能力，透過活化教學、特色課程、卓越領導，讓師生勇於挑戰，實現自我，燃起教師教學熱情與專業，培養每個孩子帶得走的能力與學習自信，優質表現受到各界肯定，獲獎連連，精采萬分。經營實踐亮點如下：

(一) 打破少子化魔咒，學生數逐年成長

　　1. 新生人數成長：2014學年度開始，新生人數年年突破二位數。

　　2. 學生總數逐年上升：當其他學校正逐漸減生、減班之際，桐林藉由辦學品質及口碑，再藉由家長的口耳相傳，七年來吸引大量外來學生入讀，人數逐年成長。2020學年度全校學生數已經突破90人，越區就讀孩子高達八成，證明桐林這幾年的努力是值得肯定的。

(二) 親師生團隊表現卓越，屢獲大獎肯定

　　桐林師生近年除在臺中市各項評比嶄露頭角，優異的表現更是進軍全國，囊括無數教育部大獎，成為全國知名的偏鄉學校，如2018年桐林榮獲教育部評選為全國百大特色學校，教師團隊更獲教育部全國教學卓越比賽「金質獎」成績，聽障生劉辰環同學獲得教育部「總統教育獎」殊榮並至總統府接受表揚，2019年師生團隊被《親子天下》雜誌評選為「2019教育創新100兩岸三地領袖」學校，而我個人也受惠在2019年獲得教育部「校長領導卓越獎」（姜韻梅，2019）和「師鐸獎」兩大獎項的殊榮。桐林長期推動品德教育的用心更在2020年發光發亮，學校傑出表現不僅拿到2020年臺中市品德教育推動「典範標竿金質獎」學校榮耀，六年甲班沈崇安同學並以「在艱困的環境之下，仍有一顆向上、懂得愛人，也會去助人的心」獲「全國普仁品德教育

獎」獎勵，桐林辦學成效卓越，堪稱小校典範。

(三) 打造品牌，擴大優質影響

　　特色課程是學校的核心，我們以校本課程展現學校特色，做出差異化，同時課程結合在地文化及產業發展，成效良好。除此之外，學校以多角度、全方位行銷辦學成效，建立口碑，提高學校能見度，獲得《天下》雜誌、《親子天下》、公共電視、《自由時報》、《國語日報》、《中國時報》、教育廣播電臺、網路電子報等平面、影音媒體報導，超過150則以上，金字招牌的吸睛效益讓家長慕名穿山而來，吸引學生跨區就讀。我們由全校學生數不到50人面臨裁併校危機的偏鄉小校，學生人數逐年增加，2020年突破90人，即將扣關百位數。

　　教學精進，發展卓越課程，讓桐林受到各界肯定，曾經瀕臨廢校的偏鄉桐林小校得以翻轉重生，風華再現。為了讓更多與桐林一樣遭遇少子化浪潮襲擊的偏鄉學校可以翻轉成功，2014至2020年間我們進行超過上百場的國內外教育單位交流、參訪等，分享桐林優質辦學經驗和品牌特色。我們的成功證明了只要「願意」，就會找到讓自己、讓團隊、讓教育前進的能量；只要「願意」，就能攜手前進，打造機會營造空間，讓學生更好，一起創造教育的無限可能，讓「偏鄉」不再是「偏鄉」。

四、回饋與省思：我桐林，我榮耀

　　身為教育人，應該常常自問這一生想為教育留下什麼？「怎麼做？為何而做？做得如何？」除了秉持尊重、熱忱及奉獻，教育人更要重視人性價值，透過自尊尊人的過程，肯定每個人都有向上、向善的能力與本質，並藉由高度的熱忱，竭盡己力協助他人，服務人群，誠心誠意奉獻自我，為學校願景、為教師成長、為學生幸福，盡心盡力，發揮影響力，發心去做，留下長遠的貢獻。

　　桐林國小從生源不足歷經裁併校危機的偏鄉小學，到現在轉身一變成為全國典範知名學校，有此佳績絕非易事，也非一人可以完成，完全需要匯集眾人之力才可辦到。猶如十根手指頭各有功能，缺一不可，必須同時運作，才能實踐團隊的理念與夢想。所以，團隊成員除了密切互動，還要建立認同度極高的價值觀念，每個人都應該被團隊重視，放到合適的位置，找到定位，各司其職，對外展現競爭力量，對內形成團隊精神，呈現出令人驚豔的合作成果後，就會因付出、努力及改變的過程而感到榮耀。

　　感謝全校親師生、家長會、志工隊、社區發展協會、村里長、校友會、外部單位等的奧援相挺，讓桐林校務順利發展，還有在地社區人力、物力的投入協助，讓特色教學得以運轉順暢；以及眾人的無私奉獻，陪著師長一起守護桐林的孩子健康成長，九年多來陪我一同打拚、一起吃苦、一齊歡笑，共同度過一次次的難關，讓桐林得以更美好，感受到無比的榮耀與自信。

參考文獻

姜韻梅（2019）。YES, I DO! 我願意！https://cirn.moe.edu.tw/Benchmark/Results/detail.
　　aspx?sid=23&mid=1244&tid=4432

第三章

國民中小學轉型實驗學校
之可行教學策略

葉建宏
國立臺灣師範大學工業教育學系博士後研究員
葉貞妮
國立臺北科技大學技術及職業教育研究所博士班研究生

一、前言

　　近十年來，因少子女化的衝擊，嚴重影響各級學校經營。教育部統計處（2019）公布臺灣2005年至2018年新生入學率變化，國中的入學率從2010年開始逐年下降，在2005年約有31萬學生入學，但在2018年僅剩19.9萬學生入學；而國小的入學率從2007年開始逐年下降，在2005年仍有27萬學生入學，但在2018年僅有21.2萬學生入學，各級學校總數在2012年有11,496所，在2019年有10,931所，僅七年時間就減少565所學校。

　　然而，隨著少子女化浪潮的來臨，許多學校已經面臨到招收不到學生的窘境，在被迫轉型或退場的時間點，應把危機化為轉機，從消極的被迫轉型或退場，轉變為積極的重構出新的教育樣態。由於學校在招收人數方面逐漸減少，為因應少子女化對於教育的衝擊以及改變硬式教育的缺點，為鼓勵教育創新及保障學生的學習權和家長的教育選擇權，故教育部推動實驗教育，並制定《學校型態實驗教育實施條例》、《高級中等以下教育階段非學校型態實驗教育實施條例》和《公立國民小學及國民中學委託私人辦理條例》等三項條例，亦稱為「實驗教育三法」。

　　實驗教育的教育理念應以學習者為中心，旨在促進學習者的多元發展，並回應社會多元需求以及實現教育改革之精神，其中《學校型態實驗教育實施條例》及《公立國民小學及國民中學委託私人辦理條例》有效幫助公私立國民中小學之學校型實驗教育的推動。依據《學校型態實驗教育實施條例》第3條第2項規定：

　　前項特定教育理念之實踐，應以學生為中心，尊重學生之多元文化、信仰及多元智能，課程、教學、教材、教法或評量之規劃，並以引導學生適性學習及促進多元教育發展為目標。

　　因此，實驗教育在教學課程上應具有高度彈性，且強調學生的互動

學習，加強學生的體驗學習，而課程都是讓學生自己尋找想要學習的內容，並配合實踐課程，讓學生可從製作過程中學習，而製作過程會運用到許多跨學科的知識，進而提升學生的多種專業知識能力。秦夢群等（2017）提出實驗教育具有下列特色：(1)以哲學思想作爲教育出發點；(2)培養學生耐心與不急躁的教學設計；(3)讓學生體驗探索學習並提倡永續環保的觀念；(4)強調讓學生動作做，並從製作中學習；(5)塑造特色課程；(6)家長可參與課程安排等六項特色。因此，在面臨少子女化的衝擊時，學校可化危機爲轉機，主動且積極的跳脫傳統教學方式，藉此提升學校辦學特色，達到可持續化經營的目標，同時也爲學生帶來更彈性的學習方式。故在本文中以學校型實驗教育的教學方向，提出數項可行的教學策略給予各級學校參考。

二、國內外未來教學趨勢

隨著二十一世代的來臨，面臨到產業結構的轉移、全球化等，對於資訊技術與網際網路有極大的依賴。Payne和Kyllonen（2012）認爲要增加學生在二十一世紀的競爭力，應培養具備認知、溝通和自我調節三項技能。認知技能是指適應力、創造力、邏輯思維能力和問題解決能力；溝通能力是指領導力和團隊合作能力；自我調節能力是指自我效能、時間控管能力、個人職業道德和自我堅持能力。

黃俊傑（2017）強調二十一世代的學生應採取「全人教育」，學生應在各領域均衡發展，並重視實踐課程。而日本在2017年開始推行「專門職大學」，以學生畢業能夠立即就業爲教育目標，並強調學生的實作能力，能有效的提升學生未來的競爭力。然而，我國在課程的可調整性自由度並不高，在課綱上有既定的修課計畫，且家長期望小孩能考取更好的學校，而不斷地安排課後補習等，但是這些課程重視的多數是知識的獲取，對於實作課程的安排仍相當有限。雖然108新課綱的推動，強調學生核心素養的培育，透過三面九項素養的培育，來培育更加彈性、具備探究與實作能力的學生，但是若能藉由實驗教育的制度鬆

綁，或許能更有效的達到教育成果。

　　實驗教育三法最主要目的是保障學生自由學習的權利與給予家長選擇教育的權利，給予高度的自由選擇學校、學習課程等，讓學生能有更多的探索空間，尋找自身的興趣，亦與我國108課綱的理念相似，期冀每個學生能夠適性學習並且能夠持續不斷的學習，以提高學生的學習熱忱。而實驗教育三法通過後，我國學校經營型態被分為六類：公、私立學校；公辦民營學校；公、私立實驗教育學校；以及非學校型態教育。

三、實驗教育之教育策略

　　實驗教育的教育理念之實踐，應以學習者為中心，故學校型實驗教育的推動，其教育策略應係透過不同的學習方式來引發自主學習的興趣，培養其高階邏輯思維，以及探究與實作能力，成為具備二十一世紀所需能力的學習者。

(一) 建構數位學校

　　陳德懷等人（2017）研究發現數位學校對於學生、教師以及家長皆有正向影響：(1)學生能從被動學習轉為主動學習；(2)教學重心能從教師轉變到學生；(3)家長亦將對數位學校從忐忑轉為信任。

　　但在數位學校的初始實施時，家長無疑是最大的阻礙，其中最大的問題是家長會害怕小孩視力傷害、網路成癮等問題。然而，實驗教育最大的優勢在於賦予家長選擇的權利，並且能夠掌控小孩所使用的學習程式，而透過學校與家長雙方的合作之下，學生能夠培養良好的使用習慣，並能夠善用學習工具來進行自主學習，翻轉學習，漸漸培養出終身學習的意念。然而，數位學校並非只是讓學校的設施數位化，應是讓教師習慣藉由數位科技來輔助教學，並培養學生藉由數位科技來強化學習成果，因此，建構數位學校要明確定義出學習目標，而非盲目地要將學

校進行數位化建設。如果只關注於設施的數位化程度，反而不會有良好的學習成效呈現，因此需有數位學校並非學校數位的觀念。

(二) 探究式學習

　　主動學習是改變傳統課堂中以教師爲中心之教學方式並以學生爲教學重心（李隆盛、楊叔蓉，2015），藉由探究式教學策略將能幫助學生主動學習。探究式學習的主要目的在於讓學生參與科學過程有所發現，從教學的角度來看，是讓學生參與實踐過程，因此，探究式學習不會讓學生參與複雜的科學過程，主要是邏輯思考的培訓，而探究式學習多數是在可控制的環境中進行（Zohar & Ben-David, 2008）。透過探究式學習過程，將能幫助學習者獲得高度的學習沉浸感受，並能有效提升學習動機（葉建宏、葉貞妮，2020）。這有別於傳統式學習方法著重知識的傳遞，對於實踐課程並不會多加重視，造成學生空有知識卻不懂得應用的窘境。在探究式學習歷程中，強調同儕協作與主動學習的歷程，更是讓學生去找尋知識、實踐知識、內化知識的歷程。

(三) STEAM教育

　　張芬芬（2019）及葉建宏（2017）指出未來職場不再只是需要I型人才（只有一種專業能力的人才），至少是T型人才（精通一種專業能力的人才，並且有在跨領域學習其他能力），最佳是 π 型人才（有兩種以上專業能力的人才），故未來 π 型人才將成爲競爭指標。在新興的跨領域人才教育方法中，最受到關注的是STEAM教育，此教育方式是強調讓學生學習到科學（Science）、科技（Technology）、工程（Engineering）、藝術（Art）與數學（Mathematics）等跨領域知識學習，藉由跨領域的學習讓學生不會受到正確答案的限制，可以自由發揮想像，以提升自己的創造力。

　　跨領域學習是要著重於學生將技能實際運用於解決生活的問題上，

學生透過實際的學習機會，能夠有效的提升學生未來應用的實力，而非僅空有知識卻不懂如何運用。陳育霖（2016）發現在中學的教育現場讓學生採取探究與實作的教育方式，能有效的提升學生的學習熱情、學習態度等。從108課綱發現，我國在國民小學與國民中學的課程規劃有增加學生實作課程的時間，但是實作課程能安排的時間還是相當不足，而課程調整的靈活度仍是相當受限。然而，實驗教育並不受到課綱的限制，能夠根據學生的需求自由調整課程。

(四) 遊戲式學習

隨著技術的進步，網際網路已經無所不在，而人們學習的管道不再僅限於學校、補習班等，而且近年來也有愈來愈多研究發現將遊戲結合學習，能夠引起學習者更多學習的興趣，透過遊戲式學習帶來的互動性，對於學生的學習行為與學習成效帶來重要性的影響（蔡福興、游光昭、蕭顯勝，2008）。

遊戲式學習是利用模擬環境來進行學習，對於害怕與人交談或性情害羞的學生亦能夠降低緊張、尷尬的感受，能夠更真實的表達自我（王維聰、王建喬，2011）。然而，遊戲式學習在學校推行上並不容易，不僅要取得學校、家長、老師、學生等同意後才可進行，此外，該利用什麼時間來進行遊戲式學習亦是一大挑戰，若是溝通不當則會造成巨大的反彈聲浪。實驗教育的優勢在於能夠勇於嘗試新的教育方式，但教育科技的應用不能流於形式和追求量，而是要融入教學，達到如虎添翼的效果。若沒有這個觀念，會不曉得該怎麼善用科技輔具，藉由遊戲來引導學生對於學習的興趣，並降低其焦慮感，亦能藉由遊戲化評量方式來進行形成性評量與總結性評量。

四、結語

實驗教育作為臺灣未來教育創新的先行者，不僅可以讓受到少子女

化衝擊的學校，能夠在法令的基礎下，積極作爲轉變教育樣態，亦能借助不同的教學策略來改變硬式教育的缺點。未來教育的目標應係培養務實致用的 π 型跨領域人才，並讓學生具備思辨推理及論述能力，以及探究與實作的精神，故在實驗教育中，不能強調測驗與評量，雖上述精神與108課綱相符，但在實驗教育中，學校更需強調學生在多元文化與多元能力的培養。雖然目前所提的教學策略已在各級學校實施，但在學校型實驗教育中，學校更能不受現有課綱的限制，在教學策略上推動更多創新，實踐更加豐富多元的課程內容，創造更具彈性的課程環境，並且不應以實踐的數據化結果來作爲績效評估標準，這樣則會容易流於形式。

參考文獻

一、中文部分

王維聰、王建喬（2011）。數位遊戲式學習系統。**科學發展，467**，46-51。

李隆盛、楊叔蓉（2015）。善用主動學習轉化課堂教學。**臺灣教育評論月刊，4**(7)，50-54。

林菁、顏仁德、黃財尉（2014）。探究式資訊素養融入課程成效之四年長期研究。**教育資料與圖書館學，51**(4)，561-595。

洪振方（2010）。思考導向的探究式學習對國二學生科學探究能力的影響。**科學教育學刊，18**(5)，389-415。

秦夢群、溫子欣、莊俊儒（2017）。實驗教育之特色及對現行教育之啟示。**臺灣教育，704**，2-11。

張芬芬（2019）。素養是師生共構融會貫通的活知識——108課綱知識論。**臺灣教育評論月刊，8**(10)，1-5。

教育部主管法規查詢系統（2018）。**學校型態實驗教育實施條例**。https://edu.law.moe.gov.tw/LawContent.aspx?id=GL001381

教育部統計處（2019）。**主要統計表-歷年**。https://depart.moe.edu.tw/ed4500/cp.aspx?n=1B58E0B736635285&s=D04C74553DB60CAD

陳育霖（2016）。教育現場為什麼需要探究與實作課程？。**科學研習月刊，55**(2)，19-27。

陳德懷、廖長彥、鄭年亨、張菀真、簡子超（2017）。數位學校實踐與展望。**教育科學研究期刊，62**(2)，1-30。

葉建宏（2017）。我國專業技術人才培育之困境與展望。**臺灣教育評論月刊，6**(3)，110-112。

葉建宏、葉貞妮（2020）。從STEAM教育培育核心素養。載於翁福元、陳易芬（主編），**素養導向的教育理念與實踐**（頁125-136）。五南。

蔡福興、游光昭、蕭顯勝（2008）。從新學習遷移觀點發掘數位遊戲式學習之價值。**課程與教學，11**(4)，237-277。

二、英文部分

Kyllonen, P. C., & Payne, D. (2012, January). The role of noncognitive skills in academic success. In *Conference of 21st century knowledge and skills: The new high school curriculum and the future of assessment*. University of Southern California, Los Angeles.

Zohar, A., & Ben-David, A. (2008). Explicit teaching of meta-strategic knowledge in authentic classroom situations. *Metacognition and Learning, 3*(1), 59-82.

第四章

私立高級中等學校財務預警機制之建立與運作

陳麗珠

國立高雄師範大學教育學系教授

一、前言：十二年國教實施後私立高級中等學校的發展

我國近代第一波官方教育改革啓動於1994年9月21日行政院教育改革審議委員會正式成立並運作，從此以後的二十年間，鬆綁與多元成爲改革主調，此時期在國民教育階段開放教科書選書、降低班級人數以及實施九年一貫校本課程，在選擇教育階段開辦綜合高中、廣設高中大學，開始補助私立學校，在教育財政方面立法建立特定教育補助制度等，這些都是影響深遠的改革政策。我國第二波教育改革則是2014年的十二年國民基本教育改革，此波改革將前九年國民教育與後三年高級中等教育合併爲國民基本教育階段，立法保障十二年國民基本教育改革所需的經費，對學生實施有條件免學費政策以鼓勵學生就學，同時對學校實施多項專案補助，充實學校硬體設備設施與辦理學習活動以提升教學品質，可視爲一個劃時代的教育改革。此波教育改革雖然重新定位我國高級中等教育制度，但改革同時遭逢國內政策環境快速變遷，加上少子化人口趨勢的浪潮已經席捲至高級中等教育階段，使公私立高級中等學校辦學同時都遭受空前的挑戰，但其中以私立高級中等學校遭受的衝擊較公立學校大，即使在十二年國教實施後，私立高級中等學校與學生雖然每年度享有法令保障後大量增加的補助經費，十二年國教實施以來還是有私校停招、瀕臨轉型、甚至退場。際此教育環境快速變遷的時代，私立高級中等學校傳統的經營型態在部分地區已經逐漸無法維持，辦學者若不能觀察時空變化有效調適轉型，勢必淹沒在時代的洪流中，主管機關亦必須制定政策法規，輔導學校因應政策環境之快速變遷。

教育部從2008年訂定「高中職發展轉型及退場輔導方案」，開始積極辦理高中職發展、轉型及退場輔導工作；2015年修正爲「高級中等學校輔導方案」，規定學校經營遭逢困境亦可以主動申請輔導。但隨著近年間國內少子化人口趨勢，且私立高級中等學校與私立大專校院間之新生人數有連動效應，今（2020）年度更刻正訂定《私立高級中等以上學校退場條例》（草案），協助高級中等以上私校重新定位發展目

標，思考最可行的轉型方式，俾避免遭遇辦學困境而步上停辦之途。

　　私立學校屬於財團法人，各所轉型、停招或停辦學校的原因不盡相同，而且並非單一原因可以解釋；但若細究近十年間已經退場、停招、停辦私立高級中等學校在停辦之前的校務狀況，仍可發現若干共同特質，將這些特質歸納後，設計一組私立高級中等學校預警指標，將指標組成一套預警機制並以學校財務數據實際計算機制之運作，俾供主管機關制定輔導學校退場轉型之參考。

二、設計私立高級中等學校退場預警指標

　　在十二年國民基本教育的框架之下，雖然政府大量經費用於補助學生與學校，但是每一所私立學校的辦學與財務運作都不一樣，因此必須有指標與公式計算學校表現，方可以判定學校辦學情況。以下依據「學校財團法人及所設私立學校會計制度之一致規定」之會計科目，設計一組私立高級中等學校退場預警指標，包括三大類指標：基本指標、財務指標與成本指標。

(一) 基本指標

1. 學校規模

　　代表學校招生狀況，如果學校招生數逐年減少，降幅高於同地區其他學校時，是明顯的警訊。2015年「高級中等學校發展轉型及退場輔導方案」將學生數未達599人的學校都列為觀察名單，但近年來以辦理特色教學為號召的小規模高級中等學校紛紛崛起，招攬高社經地位學生就讀，財務狀況良好。因此僅將學校規模列為基本指標，不計入預警。

2. 班級規模

　　班級學生數過小，代表開班人數不足，在辦理專業群科學校尤其常

見；但小班教學也是部分學校的招生特色，因此也僅列為基本指標。

(二) 財務指標

財務指標係用來檢視私立高級中等學校財務狀況，包括下列指標：

1. 現金餘絀率

以現金觀點衡量學校當年收支後，計算現金餘絀占同年收入的百分比率，用來檢視學校現金結餘情形。

2. 當期餘絀率

從權責基礎的角度觀察學校當期損益，以檢視年度內學校經常門收入與支出，當期（current）餘絀只有計算當年度經常門收入與支出，也包含學校年度中報廢財產。對學校的經營狀況比起現金餘絀率有更精準的描述。

3. 財務自給度

將現金餘絀率公式中的分子（現金餘絀）與分母（總收入）都減去補助收入，用以衡量學校在沒有（政府特定）補助收入的情況之下的餘絀情形，以檢視學校扣除補助款後的現金流量。財務自給度以百分比呈現，代表學校來自於政府補助的比率，百分比愈高，自給度愈低。

4. 流動比率

流動比率為流動資產相對於流動負債的比率，其中流動資產為學校現金加上應收帳款，流動負債為學校負債，包含還清與轉期的借貸，兩者都是以現金為計算基礎。流動比率常用來衡量私立學校短期償債能力，比率愈高代表學校資產大於負債倍數愈多，學校財力愈穩健；但流動比率值低，亦有可能係因學校營運方式保守，不願舉債投資建設所致。

5. 負債比率

指學校負債相對於資產之比率，一般而言，負債比率愈高，代表學

校的營運狀況風險愈高。但因為現行規定學校不動產不提列折舊，帳面上資產價值總額偏大，導致負債比率普遍偏低，這也是私立學校組織和上市公司之間最大的差異。

(三) 成本指標

成本指標用以檢視學校投入資源的程度，包括下列指標：

1. 每生教學成本

指每一學生平均獲得的教學研究訓輔支出人事費與業務費，用於衡量學校教學支出是否足夠維持教學品質。若一所學校指標數值過低，代表教師人事費與教學業務費過少。但每生單位成本容易受到班級規模的影響，此指標過高未必代表教學品質高，而是班級學生數過少所致。

2. 每生辦學總成本

指每一學生平均獲得的學校總支出，包括教學、行政、軟硬體設備與校舍建築等。若一所學校指標數值過低，代表投入過少。但其中包含不動產（校舍建築校地等）支出，必須進一步分析其中各種支出的占比，也要追蹤前後數個年度的數據，避免單一年度的大量資本支出使總成本遽增。

3. 每班教學成本

指每一班級平均獲得的教學研究訓輔支出人事費與業務費，用於衡量學校教學支出是否足夠維持教學品質。若一所學校指標數值過低，代表教師人事與教學業務費過少，尤其用以檢視是否聘用足額教學人力，且薪給待遇是否正常發放。以班級為單位的教學成本比起以學生為單位的教學成本，更能精準顯示學校在教學的投入。

4. 每班辦學總成本

指每一班級平均獲得的學校總支出，包括教學、行政、軟硬體設備與校舍建築等。若學校指標數值過低，代表投入過少。辦學成本中包含動產（設備）與不動產（校舍建築校地等）支出，必須進一步分析各種

支出的占比。以班級為單位的總成本比起以學生為單位的總成本更能代表學校的總投入，而且班級單位成本的校際差異比起學生單位成本更能描繪出各校辦學的差異。

5. 教師人事費支出（含退撫）占總收入比率

指學校教學研究訓輔支出人事費與退休撫卹支出占總收入之比率，用以衡量學校收入內使用於教師人事費的比率。檢視近年間數所退場學校的教師人事費都在極端值，此數值若過高，代表學校的教師人事費壓力沉重不得不退場；若此數值過低，代表校內教師已經減少，教學活動難以正常運作。

總之，將成本指標運用於私立高級中等學校預警觀測，一方面要注意極端值學校，過高或過低都值得注意；另一方面要根據全體學校中位數設為基準值，觀察各所學校指標表現與基準值的差距。

三、私立高級中等學校財務預警指標之計算與預警機制之運作

如表4-1，「預警指標」用以簡化描述學校經營狀況，作為輔導監督學校之參考。在預警機制中，各指標都是以連續兩個年度間的表現作為是否列入燈號的判定標準。將財務指標設定為A區，成本指標設定為B區，將全體學校指標表現依照符合指標數排列，學校在A區出現紅燈代表學校財務有問題，在B區出現紅燈代表學校教育成本偏低或是教師人事費支出比重偏低，有低成本經營情形。

將表4-1所列指標依照公式計算全國136所私立高級中等學校在2015至2018年度的燈號表現，結果發現：在A區共出現499個紅燈，其中達到15、14個燈的學校各1所，12個有2所，10個有4所，9個有3所，8個有6所，7個有9所，6個有19所；在B區出現136個紅燈，有4所學校達到9個，2所學校達到8個，3所學校達到4個；再把同一所學校在A區和B區燈號加總，在A區和B區都有亮燈的學校，最高的學校達18個

表4-1　私立高級中等校財務預警指標

分類	指標名稱	臨界值	年度間變動
基本財務指標A區	學生數	最近一年低於599人	
	現金餘絀率	數值小於0者	連續兩年
	當期餘絀率	數值小於0者	連續兩年
	流動比率	數值小於1者	連續兩年
	財務自給度	連續兩年排名全體學校最後25%	
	負債比率	連續兩年排名全體學校最前25%	
成本指標B區	每生教學成本	低於36,000元	連續兩年
	每生辦學總成本	低於60,000元	連續兩年
	每班教學成本	低於1,000,000元	連續兩年
	每班辦學總成本	低於1,728,000元	連續兩年
	教師人事費支出（含退撫）占總收入比率	連續兩年排名全體學校最後25%	

（1所），其次16個（2所），15個（1所），13個（3所），12個（2所），11個（1所），10個（4所）；若分析A、B區燈號合計在10個以上學校所在縣市，包括：桃園市2所，苗栗縣2所，臺中市1所，彰化縣1所，南投縣1所，嘉義縣1所，嘉義市1所，臺南市2所，高雄市2所，屏東縣1所。

最後，在解讀燈號表現時應該注意：

1. 學校的燈號集中於A區代表學校財務狀況不佳，或是董事會投入資金不足；燈號集中於B區代表學校投入偏低，或教師待遇不佳。

2. A區亮燈的學校，代表其財務已經出現問題，原因不一定是因為招生人數不足，其他可能原因包括學校財務槓桿或是舉債等因素。解讀負債比率或流動比率時應注意，某一所學校出現燈號可能是該年度積極投資於校舍建築等大型不動產支出，財務槓桿大，未必代表該校財務不佳，所以應同時配合同時期招生情形等多方面解讀。

　　3. B區亮燈的學校代表學校教育成本偏低，成本偏低的原因可能是因為規模經濟，班級人數過多也會造成成本偏低，這種現象很容易出現在規模偏大的學校。所以如果B區亮燈，代表成本偏低，再加上教師人事費偏低，才代表該所學校確實經營成本過低。當教師人事費指標連續兩年以上亮燈時，代表該校的教師待遇確實不佳。

　　4. 一所學校若同時在A區和B區都有相當數量的燈號，代表該所學校財務不佳，甚至已經逐漸淪入低成本經營，併同降低教師人事費支出的問題。A、B兩區同時亮燈，就可能是整體辦學都出狀況，建議主管機關積極介入輔導。

四、結語：及早建立私立高級中等學校財務預警機制

　　經過十二年國民基本教育改革，私立高級中等學校的體制已經改變，此波改革帶來大量對學生與學校的補助，卻使私立高級中等學校財務自主性逐漸消失，也必須比照公立學校接受主管機關更多的規範。在此同一時期少子化人口趨勢進逼，使私立學校的經營威脅日益增高，主管機關宜及早建立一套私立高級中等學校財務預警指標與機制，俾能有效診斷私校經營狀況，輔導有需要的學校順利轉型或退場。

參考文獻

立法院（2015）。院總第887號政府提案第15100號之413，立法院議案關係文書。
　　https://lci.ly.gov.tw/LyLCEW/agenda1/02/pdf/08/07/06/LCEWA01_080706_00212.pdf
教育部（2017）。高級中等學校轉型輔導作業要點。https://edu.law.moe.gov.tw/Law-
　　Content.aspx?id=GL001605

第五章

學校財團法人改辦社會福利事業之可行實施策略

葉建宏

國立臺灣師範大學工業教育學系博士後研究員

葉貞妮

國立臺北科技大學技術及職業教育研究所博士班研究生

一、前言

在少子化的衝擊下，許多私立學校面臨重大經營危機，為讓學校能因應少子化的衝擊所帶來的劇烈影響，面臨無法繼續辦學的學校財團法人（以下簡稱學校法人），可依照《私立學校法》第七章第67條至76條的法規進行私校的合併、改制、停辦、解散及清算，而最無奈的結果即是選擇辦理解散與清算（教育部主管法規查詢系統，2014a）。但依據《私立學校法》第74條第1項規定：

> 學校法人解散清算後，除合併之情形外，其賸餘財產之歸屬，依下列各款順序辦理。但不得歸屬於自然人或以營利為目的之團體。

由上述法規可見，學校法人解散清算後的財產，不得歸屬於自然人或以營利為目的之團體，因此對於私立學校的董事會而言，選擇解算與清算對於他們並無任何誘因，讓學校法人的財務與不動產捐於其他學校、縣市政府或教育、文化、社會福利事業之財團法人等單位，對於他們也未有額外益處，而且校財各縣市政府也不見得有能力來管理，是以輔導轉型將是雙贏的發展（賴碧瑩，2019）。而教育部確實也陸續推動學校的轉型與退場政策，並制定多項法規來幫助學校法人擺脫教育困境。

是以，當學校法人經營出現重大危機，致使難以再繼續辦學時，有些學校法人希冀在《私立學校法》、《財團法人私立學校申請變更組織作業辦法》、《專科以上學校及其分校分部專科部技術型高級中等學校部設立變更停辦辦法》、《高級中等以下學校及其分校分部設立變更停辦辦法》及《教育部許可學校財團法人改辦其他教育文化或社會福利事業作業原則》規定等相關法源基礎下（全國法規資料庫，2014a, b；2019a, b），將學校進行轉型、合併、改制或改辦。依據《私立學校法》第71條規定：

　　學校法人因情事變更，致不能達到捐助章程所定目的，已依前條規定停辦所設各私立學校後，經董事會決議及法人主管機關許可，得變更其目的，改辦理其他教育、文化或社會福利事業。

　　因此有些學校法人亦會想要配合政府目前所推動的長照2.0政策，將停辦學校改辦為長照機構，但若欲轉型為長照事業，需要大量資金來修建校舍，才能達到消防、長照與醫療法規的要求，且亦需投入大額資金來建構長照儀器及所需專業人力，這樣巨額資金的需求，明顯不符經營困難的實際情境，故學校法人如何能夠務實地進行改辦，且改辦後仍可有效善用校園空間則成為一大難題！這也是現在許多已停辦或面臨停辦的學校，後續計畫停滯不前的因素。

　　但學校法人不能過度依賴政府設立專法提供補助金來進行改辦，故本文針對已停辦或欲停辦的學校法人，提供一個改辦社會福利事業的具體方向，本文構思學校法人改辦成一個扶植社會企業及非營利組織的社會福利事業，並提出數項結合校地活化的運營策略。

二、都市地區的學校法人改辦社會福利事業之實施策略

　　本文提出讓已將學校停辦的學校法人改辦為社會福利事業，此社會福利事業旨在作為社會企業或非營利組織的培育基地，針對都市地區或鄉鎮地區的區域特點，善用原有的學校資源，拆除校園圍牆，保留原有的主要行政大樓作為改辦社會福利事業後的辦公據點，並將停辦後的閒置校園轉變為中小型社會企業及非營利組織的扶植基地，打造出互利共生的社會公益生態圈。而為達到此目的，本文針對都市地區的學校法人提出五項可以結合校地活化經營策略。

(一) 普通教室改造為辦公室及會議室

　　學校教室通常配備電腦、投影設備、黑板等。然而若學校停辦，有

許多設備是無法回收再利用的資源，只能廢棄或報廢等，是相當可惜的資源，因此若將教室改爲辦公室或會議室，能提供給新設立的企業或中小型企業，原先只能廢棄或報廢的設備將會被重新利用，企業也可減少設備的購入，不會浪費資源，且能有效運用空間，達到互利互惠。

(二) 專業教室改造爲技術工坊

有一句諺語是如此道來：「授人以魚不如授人以漁」，雖然有許多對於經濟弱勢或身心障礙者的補助款項，但對於身心障礙者而言，他們想要靠自己的努力來獲取薪資，而非依賴社會補助。以喜憨兒社會福利基金會爲例，此基金會致力於讓所有的心智障礙者能夠更加融入於社會、能交到朋友、有一份工作、有個溫暖的家，而教導他們製作烘焙食品來販售。然而，烘焙器材的保養、購買等都需仰賴社會的捐贈，因此，學校法人若能將停辦後所閒置的專業教室改爲技術工坊，提供給需要專業教室與設備資源的非營利組織或社會企業，將可發揮更大的效益，如烘焙教室可以承租給社福機構作爲製作產品的工作坊，減低社福機構的資源負擔。

(三) 體育館轉變爲對外開放的運動中心

運動可以提升自身的健康、防止生病、減緩老化等，同時能夠提升工作效率、促進創造力、提升生產力等，因此近年來運動健身的熱潮，促使健身房或室內運動中心的快速拓展，可見民眾對於運動場地的需求十分熱烈，因此若能將停辦之學校的體育館改爲運動中心，並提供優惠的收費方式，不僅能增加社區民眾的運動空間，亦可活化閒置後的體育館，並將收入用做維護體育館的費用。

(四) 部分教室作爲公益講堂之教學用地

公益講座是免費讓民眾參與，而演講內容琳瑯滿目，如健康資訊、心靈輔導、溝通等，而公益講座的舉辦者多數爲基金會、政府等機構，講座開設的次數約一個月舉辦一次。然而若將教室改作爲公益講堂，可讓社會企業、非營利組織、社區醫師、學校老師等使用，更讓民眾有更多機會參與和學習。

(五) 鄰近街道之一樓教室改造爲公益商品販售門市

許多社會企業或非營利組織會有產品銷售需求，而學校教室空間屬於格局方正、動線流暢，適合作爲銷售門市，且鄰近街道一樓教室可方便外面的消費者入內購物，因此將鄰近街道的教室改爲銷售商品的門市，以平價租金提供給販售公益商品的社會企業及非營利組織等使用，也讓改辦後校地再次賦予新的意義。

三、鄉鎮地區的學校法人改辦社會福利事業之實施策略

學校法人改辦社會福利事業時，除可參考都市地區的第一點至第四點的校地活化策略外，仍需因地制宜的根據學校法人位處鄉鎮地區的特點提供四項可以結合校地活化的經營策略。

(一) 鄰近街道之一樓教室改造爲週末市集

雖然鄉鎮地區也有公益產品或工藝產品的銷售需求，考量鄉鎮的消費習慣與都市地區不同，設置常態性的銷售門市可能不符實際需求，因此除了配合特定社會企業或非營利組織的長銷需求來設置固定門市外，亦可將一樓教室改造爲週末市集，推出週末活動，不僅容易聚攏人氣，透過此方式也可以節省受扶植企業或組織的人事成本，達到雙贏效果。

(二) 引入職業訓練機構資源，善用校園專業教室

西部縣市的許多鄉鎮地區設有工廠，因此改辦後的社會福利事業，可以依據當地的產業特性，結合勞動部的職業訓練資源，將原有學校的專業教室改造為職業訓練場地，不僅可以讓人才在地進修專業技術，亦可配合在地企業的人力需求，開設專屬進修課程。

(三) 部分教室作為友善農業的生態圈

目前的農業走向科學化及精緻化，且食物安全和環保議題也備受重視，故可配合偏遠地區學校的區域特性，承租教室給支持友善農業的社會企業，教室空間不僅可以作為會議、實驗、企劃或辦公場所，促使閒置的校園空間可以連結在地農民，打造出友善農業的生態圈。

(四) 針對原住民或客家主要縣市打造工藝手作坊

臺灣是文化豐富並具有眾多特色的一個地方，包含原住民文化、客家文化、閩南文化等，而以技藝品最具特色的是原住民與客家人，如木雕、十字繡、藤製品等，故可針對具有工藝特色的族群區域，將教室改設為工藝手作坊，成為一個工藝聚落，吸引民眾前去參觀購買商品。

四、結語

本文提出將學校法人改辦為社會福利事業，以社會企業及非營利組織的培育基地的概念來活化原有校園用地，並在最小成本變動下創造校園空間的使用率。但假使學校法人的校地屬於國營事業的出租地時，改辦後則需重新與國營事業重訂合約，才能使得承租地的使用目的與合約內容一致。此外，雖然各縣市的「土地使用管制規則」不盡相同，但在文教區用地規範上仍有許多相似之處，以《臺北市土地使用分區管制規

則》第51條所規範的文教區的使用規定，本文中設想將校地從原有使用於「教育設施」的文教區範疇中，擴大及轉變為使用在「社會福利設施、文康設施、社區遊憩設施」，且在附帶條件下亦被允許使用於「日常用品零售業」（臺北市法規查詢系統，2011），故若能將鄰近街道的一樓教室改作為社福機構所製作產品的販售門市，不僅可以讓學校法人順利活化閒置校地，更能為社會盡一分心力。

　　停辦學校的校地活化使用雖然志不在營利，但所收取的場地出租費用，不僅可以用來維持法人的正常營運，亦能聘請人力維護環境，且校舍的有效應用不僅可以減少閒置空間維護的費用，也可減少社會企業承租辦公空間的經費，亦可形成社會企業的聚落，型塑正向社會能量並將其傳遞，亦可讓改辦後的社會福利事業能夠永續經營。

參考文獻

教育部主管法規查詢系統（2009）。**財團法人私立學校申請變更組織作業辦法。** https://law.moj.gov.tw/LawClass/LawAll.aspx?pcode=H0030047

教育部主管法規查詢系統（2014a）。**私立學校法。** https://law.moj.gov.tw/LawClass/LawAll.aspx?pcode=h0020001

教育部主管法規查詢系統（2014b）。**教育部許可學校財團法人改辦其他教育文化或社會福利事業作業原則。** https://edu.law.moe.gov.tw/LawContent.aspx?id=GL001236

教育部主管法規查詢系統（2019a）。**專科以上學校及其分校分部專科部技術型高級中等學校部設立變更停辦辦法。** https://law.moj.gov.tw/LawClass/LawAll.aspx?pcode=H0030034

教育部主管法規查詢系統（2019b）。**高級中等以下學校及其分校分部設立變更停辦辦法。** https://edu.law.moe.gov.tw/LawContent.aspx?id=FL048183

臺北市法規查詢系統（2011）。**臺北市土地使用分區管制規則。** http://www.laws.taipei.gov.tw/lawsystem/wfLaw_ArticleContent.aspx?LawID=P13B1002-20110524&RealID=13-02-1002

賴碧瑩（2019）。大專院校退場校地再生機制之探討。**臺灣教育評論月刊，8**(4)，1-5。

第六章

香港弱勢中學轉型經驗對臺灣學校在退場危機下轉型之啟示

吳善揮

香港中華基督教會基協中學教師

一、引言

隨著臺灣人口不斷減少，少子化的問題更形嚴峻，不少學校亦受到影響，所錄取的新生數目持續下跌，一些較弱勢的學校更面臨被迫退場整併的危機（羅德水，2016）。爲應對以上問題，臺灣教育部起草《私立高級中等以上學校退場條例》，加強監管辦學績效不佳的學校，當中，若有學校不符合相關的標準，將被政府列爲「專案輔導學校」，並需於三年內作出顯著改善，否則將按照預設機制有序地退場（臺灣教育部，2020）。王英倩（2019）認爲，招生不足的學校成爲優先被檢討的對象是在所難免的，因爲這是學校辦學不力的結果。然而，學生和教師都是無辜的，教育當局有責任保障他們的合法權益，以免他們的受教權和工作權受到侵害。由此可見，少子化的衝擊讓臺灣當局不得不制定學校退場的方案，可是由此產生的問題亦不免損害師生的權益。因此，如何協助學校轉型或退場是教育當局需要深思的問題。

香港同樣面對少子化的問題，不少學校因招生不足而被減班，最終因資源被削減而淪爲弱勢學校，這些學校若持續招生不足便需強制退場（香港稱之爲「殺校」）。面對這個問題，香港教育局採取「鼓勵多元辦學」政策，推動不同辦學團體營辦特色學校，以照顧不同學生的學習需要，讓家長有更多的選擇（香港特別行政區政府，2018）。事實上，不少弱勢學校爲了應對嚴峻的招生問題，都紛紛轉型爲特色學校，以吸引家長爲子女報名入讀，進而緩和退場的危機。當中，部分學校取得極大的成功，甚至獲得教育局容許增加學生的入學名額（香港將之稱爲「擴班」）。可見，香港弱勢學校的轉型經驗實在值得各地教育當局的參考，以更有效地推動學校退場與轉型的工作。

本文旨在分析學校退場與轉型之重要性，並分享一所香港弱勢中學的轉型經驗，最後在此基礎上說明香港弱勢中學轉型經驗對臺灣學校在退場危機下轉型之啓示，讓各位教育同仁作爲參考。

二、學校退場與轉型之重要性

推動學校退場與轉型能夠有助提升教育品質，並為學生提供多元化的升學選擇。學校出現招生困難的主要原因之一，在於其缺乏辦學的遠見和特色課程，致使在比較之下，學生都會選擇入讀具有特色教學、更能滿足其學習需要的學校（戴雲卿，2019）。因此在面臨退場困難時，學校都需要有危機意識，一方面大力發展學校本位的特色，另一方面也需要採取措施提升教學績效，發揮「人無我有，人有我優，人優我特」的辦學精神，建立優質的教育品牌，使家長願意讓子女入讀學校，以解決減班、退場的危機（蔡佳蓉，2013）。雖然少子化問題造成學校退場的危機，可是也創造出學校轉型的契機（聯合報，2020）。另外，蔡坤良和洪秉彰（2008）認為，基於政府的財政有限，不可能長期撥出額外資源支持招生不足的學校，因此，教育當局設置學校退場機制，有助推動學校持續改善教育品質。從正面的角度看，學校退場機制能夠增加學校的危機意識，促進學校轉型並改善教學績效，這都有利提升整體的教育品質。當然，學校退場只應被視作為最後手段，協助學校轉型才是最重要的目標。因此，教育當局應採取適切的措施，積極協助學校發展自身的特色，讓所有學生都能夠接受優質的教育。

三、香港弱勢中學的轉型經驗

面對少子化問題，香港不少弱勢學校（因招生不足而被教育局削減資源）都積極轉型，以增加報讀學生的數目，緩減被迫退場的危機。以下將以仁濟醫院董之英紀念中學（下稱「董之英」）為例，分析其成功轉型的原因。

(一) 背景

　　2010年，全香港中學面臨極嚴峻的少子化問題，適齡入讀國中一年級的學生數目大幅減少6,000人，導致至少30所中學的招生數目未能達到教育局的基本要求，面臨減班、退場的危機；當中7所中學更是來自沙田區（東方日報，2010）。董之英位處於沙田區，同樣面臨極大的招生壓力。由於董之英所錄取的學生大都能力稍遜，所以其處境比同區其他中學更爲嚴峻。因此爲應對退場危機，董之英便踏上改革之路。

(二) 改革理念

　　爲了推動革新、振興學校，董之英校長彭綺蓮博士爭取校內不同持分者的支持，創立「三元教育」理念，希望藉著發展切合學生需要、極具特色的課程，增加入讀學校的學生人數。所謂「三元教育」是指學校以學術爲主體，輔以專業體育及創意藝術的培訓，讓不同能力的學生都可以建構成功的學習經驗。彭校長認爲「學術—體育—創藝」的教育模式，能夠引發不同能力學生的潛能，讓他們對學習變得更積極，特別是校內學業表現稍遜的學生（頭條日報，2018）。由此可見，董之英以「三元教育」作爲轉型的策略，盼望爲學習表現稍遜的學生提供另類選擇，以扭轉學校招生不足的危機。

(三) 實際操作及成效

　　在學術方面，董之英先檢視學生的學習問題，之後採取多種策略來重建學生的學習動機。首先，董之英積極與多所大學和大專院校合作，爲符合最低入學要求的學生提供「有條件取錄」（頭條日報，2018），這種做法能夠有助學生爲自己訂立學習目標，讓他們更積極、主動學習。另外，董之英亦採用獨特的教學法——「多元感官教學

法」、「創意思維教學法」（仁濟醫院董之英紀念中學，2018a）。前者有助學生運用不同的感官進行認知學習，加強他們對知識和技能的掌握；後者則有助培養學生的創意思維，提升他們的創造能力。此外，董之英又推動跨學科的專題研習及課業設計（仁濟醫院董之英紀念中學，2018a），幫助學生學會從不同的角度去思考並解決問題。由是觀之，董之英採取多項措施及策略，協助學習動機薄弱的學生重建學習興趣及動力，進而改善他們的學習表現，最終提升學校整體的教學績效。

在專業體育方面，董之英把具系統性的足球訓練納入正規的學校課程之中，鼓勵好動活潑的學生參與其中並建構成就。2010年，彭校長與本地足球組織「傑志體育俱樂部」（以下簡稱「傑志」）合作，共同推動「職業足球員培育計畫」，當中由傑志負責為學生提供每週6小時的專業訓練，個別學生更可獲得額外訓練，以培養年輕的足球菁英運動員（仁濟醫院董之英紀念中學，2018b）。另外，董之英更是全香港唯一的中學，獲教育局批准把專業體育納入正規課程之中（頭條日報，2018）。這項計畫已成功培育不少本地著名的足球員，例如於亞冠盃中協助球隊取勝的鄭展龍，可見專業體育課程取得極大的成功（東方日報，2020）。同時，董之英的足球隊亦獲得多項學界足球獎項，例如多次全港學界菁英賽三甲名次（仁濟醫院董之英紀念中學，2019）。由此可見，董之英透過與體育組織合辦專業體育課程，為熱愛足球運動的學生提供學習管道，成功打造學校的特色品牌，吸引不少學生入讀該校。

在創意藝術方面，董之英為學生提供不同的藝術培訓，照顧多元的學習需要。首先，董之英把戲劇教育融入各科教學之中，例如教授《愛蓮說》時，國文科老師會實施肢體劇場，要求學生透過不同的肢體動作演繹蓮花「中通外直」等特質，從中，學生能發揮表演天分，並掌握課堂所學（頭條日報，2018）。另外，董之英於國中階段增設「電影科」、「創藝工作坊」，前者內容包括電影化妝、視覺特效、演技大激鬥，後者則包括街舞、流行曲演繹；在高中階段則增設「高中創藝電

影專修班課程」，教授學生創作劇本、製作錄像、戲劇演繹等，務求讓
學生得到全面的藝術學習經歷（仁濟醫院董之英紀念中學，2018c）。
2013年，董之英學生成功製作一部長達90分鐘的電影《四季人生》
（由學生負責電影的編、導、演，並邀請本地著名演員義務演出），創
下香港學界的新紀錄（星島日報，2013）。2019年，董之英與媒體合
作，共同培育學生成爲專業節目主持，內容包括說話技巧、身體語言等
（東網，2019），這都有助提升學生的個人自信心。簡言之，董之英
所發展的創意藝術課程，全方位培養學生的演藝才能，不但讓他們從中
找到自信心，而且更成功爲學校在學界中建立口碑，吸引更多學生報讀
該校，成功扭轉學校的劣勢。

四、香港弱勢中學轉型經驗對臺灣學校在退場危機下轉型
之啓示

(一) 確定學校定位

　　面臨少子化問題時，弱勢學校的管理人員往往亂投藥石，致使工作
事倍功半。根據董之英的經驗，彭校長先制定「三元教育」的發展模
式，之後才大力推動相關的實踐工作。因此，校長應先深入了解學校
的強弱項，並草擬學校發展再上路的計畫。之後，校長需溝通學校上
下，盡力讓全體人員在學校發展新方向上達成全校共識，以爲學校確定
定位。在確定定位後，學校管理人員才能夠循序漸進地進行革新。

(二) 改革校本課程

　　教學績效低下也是造成學校面臨退場危機的主要成因。回顧董之英
的實踐，彭校長剛上任便先檢視教學困難、了解學生特質，之後再在
此基礎上，選用適切的教學策略，重新編訂課程內容，以達至「因材施
教」的目標，讓所有學生都能夠重建學習動機、有效學習，使學校課堂

重新「活」起來。因此，弱勢學校必須重編校本課程，透過改善教學品質，重建家長對學校的信心，進而增加他們讓孩子入讀學校的意願。

(三) 發展特色課程

特色課程已經成為學校吸引學生入讀的利器。因此，筆者也認同每所學校都需要發展自己獨特、具特色的課程。然而，筆者並不贊成學校盲目追求潮流，並以潮流作為設計特色課程的標準。參考董之英的經驗，特色課程必須配合學校辦學宗旨，切合學生特質及需要，只有這樣，「特色」才能夠真正回應學生的需要，否則特色課程只是虛有其表，最終重蹈原有校本課程失效的覆轍。

(四) 爭取外間資源

學校需要轉型及革新，必然需要龐大的資源，可是小校本已資源不足，根本無力推動相關的工作。總結董之英的革新經驗，學校的領導人員必須爭取外間的資源，以協助建構特色課程，例如邀請相關的機構提供資金、器具、技術或專業人員等，這都能夠大大提升實施特色課程的成功機會。當然，如果特色課程能夠結合在地社區的需要，學校自然更容易爭取地區政府或議會的支持，改革及轉型的成功機會亦自然大大增加。

五、結語

最後，筆者深信香港弱勢學校的轉型經驗，能夠作為臺灣教育當局的參考，在面臨少子化的危機時，在確定學校定位、改革校本課程、發展特色課程、爭取外間資源四方面，真心真意地協助弱勢學校延續生命，而非只以「強制學校退場」為最終目標。其實，社會需要的是教育當局制定長遠的「發展特色學校」政策，讓不同學生都能夠有更多適合

的入學選擇。筆者深信「精誠所至，金石爲開」，在不久的將來，臺灣的教育必定能夠眞正達到「適性揚才」的願景。

參考文獻

仁濟醫院董之英紀念中學（2018a）。升大學直通車。https://www.ychtcy.edu.hk/tc/升大學直通車

仁濟醫院董之英紀念中學（2018b）。體育Youth Training（傑志計畫）。https://www.ychtcy.edu.hk/tc/subject/計畫簡介

仁濟醫院董之英紀念中學（2018c）。創藝課程。https://www.ychtcy.edu.hk/tc/創藝課程

仁濟醫院董之英紀念中學（2019）。董之英足球隊學界賽歷屆成績。https://www.ychtcy.edu.hk/tc/award/董之英足球隊學界賽歷屆成績

王英倩（2019）。學校可以退場，師生權益不可退守。臺灣教育評論月刊，**8**(4)，46-47。

東方日報（2010，8月3日）。30中學瀕被殺歷來最多。http://orientaldaily.on.cc/cnt/news/20100803/00176_011.html

東方日報（2020，9月6日）。回望董之英的改革成就。https://orientaldaily.on.cc/cnt/sport/20200906/mobile-odn-20200906-0906_00286_003.html

東網（2019，2月21日）。東網 x 董之英專業培訓成就學界「主持王」。https://hk.on.cc/hk/bkn/cnt/sport/20190221/bkn-20190221170513409-0221_00882_001.html

星島日報（2013，11月11日）。董之英《四季人生》勉勵年輕人知福。https://hk.news.yahoo.com/董之英-四季人生-勉勵年輕人知福-215019163.html

香港特別行政區政府（2018）。立法會十五題：小一學齡人口下降。https://www.info.gov.hk/gia/general/201805/09/P2018050900611.htm

臺灣教育部（2020）。教育部預告「私立高級中等以上學校退場條例」（草案）。https://www.edu.tw/News_Content.aspx?n=9E7AC85F1954DDA8&s=8093671DC5BD2104

蔡佳蓉（2013）。私校退場機制啟動……公立學校生存之道何在？。師友月刊，**558**，56-58。

蔡坤良、洪秉彰（2008）。我國私校高等教育退場制度之法律探討。學校行政雙月刊，**58**，181-197。

頭條日報（2018，12月14日）。**商識滿天下——董之英中學「升大直通車」**。https://hd.stheadline.com/news/columns/81/20181214/725970/專欄-商識滿天下-董之英中學-升大直通車

頭條日報（2018，12月7日）。**商識滿天下——「三元教育」推動學生多元發展**。https://hd.stheadline.com/news/columns/81/20181207/723946/專欄-商識滿天下-三元教育-推動學生多元發展

戴雲卿（2019）。我國高等教育退場——「學校層級」因應策略之探討。**臺灣教育評論月刊，8(4)**，19-26。

聯合報（2020，6月27日）。半數私立高中職六年內退場？學校轉型這兩方向是**趨勢**。取自https://udn.com/news/story/6885/4662607

羅德水（2016）。嚴肅面對小校退場。**師友月刊，586**，9-12。

第七章

從國際經驗談臺灣技職
教育轉型新方向

黃宇仲
高雄市立鳳翔國民中學教師
張智傑
合作金庫商業銀行專員

一、前言：臺灣技職教育面臨的挑戰

　　近年來由於全球生產供應鏈轉型、就業型態以第三型產業為主、科技發展對產業結構的改變等因素，臺灣在國際局勢的變化與全球化的浪潮下，產業面臨重大挑戰，包含人口紅利消失、勞動結構老化、勞動參與晚進早退、跨國人才流動高出低入、產業人力傾斜、勞動擴增薪資低靡、獨立工作興起等（黃春長、張玉山，2019；Lee, 2012）。各國因應潮流提出產業轉型方案，包含德國「工業4.0」及日本「社會5.0」等，進而促使各國技職教育轉型（Alvarez-Cedillo et al., 2019; Fukuyama, 2018; Pfeiffer, 2018; Stewart, 2015）。然臺灣參考國際經驗後，技職教育轉型方向為何，乃為本文探討重點。

　　鑑於此，臺灣於2009年推動《技職教育再造方案——培育優質專業人力》，將技職教育定位於「強化實務致用特色發展」和「落實培育技術人力角色」兩大目標（吳靖國、林騰蛟，2010）。2013年再推出「第二期技職教育再造計畫」，定義技職教育應朝「技職畢業生具就業能力」、「培育產業需求人才」及「改變社會對技職教育觀點」等三大方向建構之（王如哲等，2017）。2017年以前二期的技職再造計畫為基礎，推出「優化技職校院實作環境計畫」，被視為技職教育再造計畫第三期，主要強化技職教育應「建置跨院系實作場域」、「建置產業菁英訓練基地」及「培育類產業環境人才」等。除此之外，在高等教育方面，教育部亦積極推動「高教深耕計畫」，目的在使大專院校辦學應朝向「提升教學品質落實教學創新」、「提升高教公共性」、「善盡社會責任」、「發展學校特色」及「國際競爭」邁進（蘇永明，2018）。綜觀政府提出多元技職教育轉型計畫，其目的在適應全球與產業轉型下，對臺灣技職教育發展朝精緻且務實致用、縮短學用落差、培育業界所需之專業技術人才，翻轉及強化臺灣技職教育（教育部，2017）。

　　技職教育曾創造臺灣經濟奇蹟（Tilak, 2018），但如今臺灣經濟發展面臨諸多困境，如臺灣受全球最大區域貿易協議「東協區域全面經濟夥伴關係架構」（ASEAN Framework for Regional Comprehen-

sive Economic Partnership, RCEP）與「跨太平洋夥伴全面進步協定」
（Comprehensive and Progressive Agreement for Trans-Pacific Partner-
ship, CPTPP）等區域性經濟合作計畫排除在外，對以出口導向的臺灣
經濟貿易影響甚鉅（王雅津、陳建宏，2015；Terada, 2018）。對於
此，技職教育為回應國際區域經貿趨勢，並在十二年國教素養導向課程
建構下，培育健全技術型人才有其必要，因此，臺灣技職教育的轉型刻
不容緩。本文參酌全球第四、歐盟第一的經濟體德國及PISA成績領先
世界的芬蘭和南韓，分析其技職教育及產業影響間的關係，以歸納臺灣
技職教育轉型的契機，俾提供技職教育轉型新方向。

二、德國、芬蘭與南韓的技職教育經驗

　　談及技職教育，最常被人們提起的德國在技職教育領先全球。德
國的低失業率與技職教育成功有密切關係。根據德國《聯邦職業教育
法》（Vocational Education and Training Act, *Berufsbildungsgesetz*）規
定，技職教育需靠政府與產業緊密合作，其中聞名世界的二元學徒制
（dual system）之學習型態，更是技職教育特色。學生通過基礎職業
中學（*Hauptschule*）學習後，進入職業培訓階段，其學習場域在學校
與產業間，學生需與產業簽訂合約，產業亦承擔培訓學生的費用與報
酬。2012年，德國聯邦教育部宣布技職教育應重視理論與實務應用，
使技職教育系統在德國越趨成功，目前全國約有60%的學生願意投入技
職教育學習（Ayeni, 2015; European Centre for the Development of Vo-
cational Training, 2020; Gessler, 2017; Institute Technology and Educa-
tion, University of Bremen, 2020; Pullias Center for Higher Education,
2015）。

　　芬蘭教育近年來也聞名全球。芬蘭在1958年通過《職業學校法》
（Act on Vocational Schools），學生完成基礎學科後得進入中學。芬
蘭中學教育將學生分流成學術導向與技術導向（有時兩者兼具），其中
將近一半的學生會選擇技術導向教育。學生若有升學意願繼續充實自身

技術，並增強本職學能與技能，芬蘭則進一步提供大學或應用科學大學（理工學院）供學生選擇，暢通技職教育升學管道。芬蘭的職業課程以能力本位教學爲主，期望學生在所選擇的領域獲得實際經驗，並在學期間完成至少六個月的在職培訓，強化學校與產業連結，因此，學生透過教師、同儕與業界共同評量其工作能力，確認學生達到職場之技術要求。技術型高中的課程主要提供學生更多彈性與技術學習的機會，使學生在學校也同時獲得工作所需的技能及經驗。值得注意的是，芬蘭致力職業教育，鼓勵學生技術導向學習，因此，技術型高中學生數從32%上升到42%，主因是社會普遍對技職教育重視，認爲技職教育品質與學生表現高，全仰賴課程改革及學生產學經驗培訓所致。另外，技術型高中教師薪資待遇與教師地位高，使得國民對技職教育有高重視度及信心度（European Centre for the Development of Vocational Training, 2019; Meriläinen et al., 2019）。

　　回顧亞洲的技職教育發展，南韓的歷史及文化背景與臺灣相似，值得臺灣參考。南韓早期技職教育缺乏完善制度，直到1974年公布《職業培訓特別措施法》（Special Measures Law for Vocational Training, SMLVT）後才有所改善。南韓的技職教育主要由國家主導，是支撐南韓經濟重要的教育制度。學生在職業高中一年級需要修習國家所規定的共同科目，二、三年級的學生能修習專業課程，這些專業課程是學校、政府與當地合作產業的雇主共同提供。其中，學生到產業培訓是技職教育的特色。除此之外，南韓政府爲鼓勵學生選擇技職教育，2007年將職業高中改名爲專業高中，預計於2021年全國高中職（私人菁英學校、未受政府補助的私校除外）免學費入學，同時改善升大學制度，使43%及25%之專業高中畢業生分別能有機會進入技專院校、普通大學的機會。而高等教育中，二年制的專科學校畢業後授與學生工程副學士學位（Industrial Associate Degree, IAD）。理工學院甚至提供在職進修的機會，使技職教育透過回流學習不斷創新並與產業連結。不過，南韓的專業高中教師的資格與臺灣相同，缺乏產業經驗與實務技能操作，使得教師對技術操作能力有限（Ayeni, 2015; Bahk, 2019; Nahm,

2017; Park, 2013）。

綜觀上述，德國的師徒制使其課程精緻且務本致用，回應產業需求培育專業人才；芬蘭透過彈性的技職教育課程，鼓勵學生投入技職學習，加上教師薪資待遇高，技職教育為社會帶來貢獻並受社會推崇；南韓則在政府與企業培植下，強化基礎學科與專業學科，並鼓勵專業人才回流進修，使學術與實務有充分對話的機會。各國技職教育之特色，值得臺灣參考借鏡。

三、轉型契機：臺灣技職教育轉型策略

目前臺灣技職教育以2015年公布《技術及職業教育法》為依據，並以《技術及職業教育政策綱領》具體實施，其內容包含：符應產業變遷，彈性技職教育；師生創新，技術傳承；產官學協力培育，翻轉技職教育（教育部，2019）。但參考德國、芬蘭及韓國的技職教育後，臺灣的技職教育仍有不足而有待努力之處如下：

(一) 關注臺灣產業勞動力結構問題，產業升級人才轉型

全球產業趨勢多變，不確定因素（如政治、金融、疾病等）使得全球經濟雪上加霜。臺灣在少子及高齡化趨勢下，總人口數可能從2020年的2,360萬人下降至2070年的1,449萬人，勞動力人口也預估從2020年的1,638萬人降至2070年的783萬人（國家發展委員會，2020；黃春長、張玉山，2019）。因應勞動力人口逐漸短缺，未來產業面臨缺工挑戰，臺灣或許可以參酌德國做法對技職教育提出改革：德國技職教育先讓學生有完善的基礎學科知識後再進行職業培訓，且培訓是產、官、學多方合作下，提供學生業界最新趨勢，讓學生兼顧務實與能力為本，學習當下面對職場所需技能。德國技職教育造就德國工業4.0政策落實，全國產業發展朝大數據、人工智慧、物聯網等方向邁進，創造新一波經濟高峰（潘俊宏，2019）。是此，當全球產業升級轉型的同

時，臺灣產業應當不落人後，技職教育除現在實施的5+2產業創新計畫來培育各領域創新人才外，更應思考國際趨勢，在電子技術、資訊處理、雲端科技等以人為本之技術培育新型態的多元人才，以符合未來國際產業潮流。

(二) 鬆綁實習或產學合作相關法令，擴大彈性技職教育

目前臺灣受到各項法規的限制下，使得高職端的建教合作、專業實習與技專院校端的產學合作、業界實習無法讓產學間作有效對話，以至於十二年國教新課綱、技專院校課程與教學、各產業界教育訓練系統及職訓中心課程沒有交集，形成教育資源浪費，技職畢業生進入產業無所適從，新型態多元人才的培育受限，技職教育受困。根據國家發展委員會（2014）指出，產學合作有效增進學生實務知能，其中又以校外實習與業界教師協同教學的成效最佳。因此，彈性的技職教育在學生面應參考德國師徒制模式外，更需強化國中端基礎學科知識建立，或如南韓結合產業共同培植學生技能，同時應參考芬蘭經驗，讓學生實際投入長期業界實習機會；在技職教師面應邀請業界專家協同教學，同時鼓勵教師成立新創基地，讓教師走出學術象牙塔，實際了解產業變化趨勢，方能引入課程教學，進而有效評量學生學習表現；在政策面，鬆綁《教師法》、《勞基法》等相關法令，使技職教育更符合產業需求，建構更完善產、官、學共同培育新型態的多元人才之目標。

(三) 翻轉社會對技職教育的刻板印象，從解決低薪開始

低薪是影響臺灣人才去留的原因之一。根據勞動部（2019）統計，2019年臺灣工業及服務業員工每人每月名目薪資為新臺幣53,657元，製造業員工每人每月名目薪資為53,776元，皆低於其他主要國家或地區。臺灣因國際產業與人才競爭，低薪問題導致許多年輕勞動力外流（Lee et al., 2018）。臺灣低薪問題是長期資本主義意識型態下的勞動

體制剝削勞工所致（張威儀、黃志隆，2013）。國家經濟發展有賴技
術人才戮力及技職教育推動，因此，政府宜解決產業低薪問題，包含在
教育層面協助產業轉型與升級、增加投資與人力素質改善，同時透明技
術及高階人才薪資結構，激勵人才投入產業動機，確保留用率與社會地
位；另一方面，從個人角度而言，從小重視生涯發展教育，試探自己的
職業性向，選擇符合自己興趣與能力的職業並強化本身實務技能，同時
需因應國內外產業趨勢不斷回流教育，提升自己在產業之競爭力，以實
質提升薪資水準。除此之外，參考芬蘭經驗提高技職教師薪資，同時也
賦予翻轉技職教育之義務，進行課程改革、教材研發、教學創新、產業
交流等跨域連結，提升技職教育品質，使技職教育畢業生能有產業所需
技能與素養，被社會所用，破除社會對技職教育的刻板印象，再創技職
教育高峰。

四、結語

　　國家經濟發展與產業競爭力有賴技職教育奠定良好基礎，本文從德
國、芬蘭與南韓的技職教育經驗，檢視當代國際社會局勢下，臺灣技職
教育轉型的新方向。目前臺灣技職教育配合國家5+2產業創新計畫，除
強化智慧機械產業、綠能科技產業、生醫產業、新農業、循環經濟及國
防產業外，更應關注國際趨勢，加強物聯網、大數據、AI等技術人才
培育，方能建構符合「技職教育在地化，產業人才國際化」之潮流。最
後，技職教育轉型有賴政府、教師、學生、家長、社區民眾及產業共同
努力，期望在技職教育有效且高品質的推動下，臺灣經濟能再次開創奇
蹟，並提升國民生活福祉。

參考文獻

一、中文部分

王如哲、楊正誠、劉秀曦（2017）。**第二期技職教育再造計畫效益評估（摘要及建議）**。國家發展委員會。

王雅津、陳建宏（2015）。臺灣與RCEP會員國之經貿分析。**全球商業經營管理學報，7**，79-93。

吳靖國、林騰蛟（2010）。臺灣高等技職教育發展的理論性反思。**教育資料集刊，40**，1-24。

國家發展委員會（2014）。**調查政府推動產學合作政策之有效性**。國家發展委員會。

國家發展委員會（2020）。**中華民國人口推估（2020至2070年）**。國家發展委員會。

張威儀、黃志隆（2013）。邁向低薪世界：臺灣勞動體制的發展與限制（1980年代～2010年代）。**國際政治與經濟論叢，1**，51-84。

教育部（2017）。**前瞻基礎建設——人才培育促進就業之建設優化技職校院實作環境計畫**。教育部。

教育部（2019）。**技術及職業教育政策綱領**。教育部。

勞動部（2019）。**國際勞動統計（108年）**。

黃春長、張玉山（2019）。**2030年就業趨勢與展望研究（一）**。勞動部勞動及職業安全衛生研究所。

潘俊宏（2019）。從技術哲學角度淺談工業4.0時代的教育角色。**臺灣教育評論月刊，8**(9)，58-61。

蘇永明（2018）。高教深耕的「發展學校特色」。**臺灣教育評論月刊，7**(12)，1-2。

二、英文部分

Alvarez-Cedillo, J., Aguilar-Fernandez, M., Sandoval-Gomez Jr, R., & Alvarez-Sanchez, T. (2019). Actions to be taken in Mexico towards education 4.0 and society 5.0. *International Journal of Evaluation and Research in Education, 8*(4), 693-698.

Ayeni, A. O. (2015). World wide comparism of technical and vocational education: Lessons for Nigerian technical and vocational education sector (I). *Journal of Education and*

Practice, 6(30), 103-110.

Bahk, E. J. (2019). High school education to become free. *The Korea Times*. https://reurl.cc/Q3Vdg2

European Centre for the Development of Vocational Training. (2019). *Vocational education and training in Finland. Short description*. Publications Office of the European Union.

European Centre for the Development of Vocational Training. (2020). *Spotlight on VET: Germany*. Publications Office of the European Union.

Fukuyama, M. (2018). Society 5.0: Aiming for a new human-centered society. *Japan Spotlight, 27*, 47-50.

Gessler, M. (2017). Areas of Learning: The shift towards work and competence orientation within the school-based vocational education in the German dual apprenticeship system. In *Competence-based Vocational and Professional Education* (pp. 695-717). Springer.

Institute Technology and Education, University of Bremen. (2020). Comparative report on the development of teaching competences of VET teachers and trainers in Germany, Lithuania and Italy. https://reurl.cc/KjmqVm

Lee, L. S. (2012). The workforce education and development in Taiwan. *2012 International Conference on Industrial Workforce Development & Education in the Asia-Pacific Region*. Cheonan, Chungnam, Republic of Korea.

Lee, Y. D., Chen, P. C., Su, C. L., & Huang, H. C. (2018). Brain drain or brain gain? How to attract overseas excellent talents to work in Taiwan? *International Journal of Innovative Studies in Sociology and Humanities, 3*(8), 95-107.

Meriläinen, R., Isacsson, A., & Olson, S. J. (2019). Secondary vocational education in Finland. *Workforce Education Forum, 39*(1), 43-51.

Nahm, M. M. (2017). Korea's vocational education training sector in a globalized World: current practices and future plans. In *Internationalization in vocational education and Training* (pp. 167-185). Springer, Cham.

Park, S. Y. (2013). The political and institutional basis of Korea's skill formation system. *Journal of Education and Work, 26*(3), 291-308.

Pfeiffer, S. (2018). The future of employment' on the shop floor: Why production jobs are less susceptible to computerization than assumed. *International journal for research in vocational education and training*, 5(3), 208-225.

Pullias Center for Higher Education (2015). Prospects for vocational education in the United States. https://files.eric.ed.gov/fulltext/ED574618.pdf

Stewart, V. (2015). *Made in China: Challenge and innovation in China's vocational education and training system*. National center on education and the economy.

Terada, T. (2018). RCEP negotiations and the implications for the United States. *The national bureau of Asian Research*. https://www.nbr.org/publication/rcep negotiations and the implications for the united states/

Tilak, J. B. G. (2018). Vocational education and training in Asia. In: *Education and Development in India*. Palgrave Macmillan, Singapore. https://doi.org/10.1007/978-981-13-0250-3_5

第八章

技專校院退場問題與人才
培育轉型創新之策略

林新發

國立臺北教育大學教育經營與管理學系名譽教授

賴玉粉

國立臺北教育大學教育經營與管理學系教育政策與管理博士生

新北市二橋國民小學校長

一、技專校院退場問題成因

目前臺灣地區高中、高職畢業後升學一般大學或技專校院，都受到少子化的衝擊與影響。依據內政部人口統計資料（2019）顯示，2019年臺灣人口數23,603,121人，臺灣2019年總出生人口數為175,074人，粗出生率為千分之7.42，臺灣總生育率從2006年已降至1.1人，遠低於全球總生育率的2.7人，或是已開發國家的1.6人（行政院主計處，2007），至2019年則再降至1.05人（行政院，2020）。1998年的新生兒於2016年入大學人數為271,450人，較前一年大幅減少54,552人，除2018年可回升到305,312人外，之後一路下滑至2031年的194,939人（內政部人口統計資料，2019）。臺灣已成為全世界出生率最低的國家或地區之一。臺灣學生人數形成長期遞減趨勢，2016年臺灣20歲單齡人口高等教育淨在學率達7成（72.9%），為世界最高比率之國家或地區，遠高於英國43.1%，芬蘭27.3%，法國47.5%，紐西蘭42.4%，南韓69%，瑞士20.7%，美國46.6%。2017年臺灣25歲至34歲接受高等教育人口比率約達7成（69%），OECD平均46%，南韓70%，美國48%，加拿大61%，紐西蘭44%，法國44%，德國31%，英國52%（教育部統計處，2019a）。2018年臺灣有將近65%的學生就讀私立大專校院，公立大專校院學生僅占約三分之一（教育部統計處，2020）。我國大學及學院的平均每位學生分攤經費，2010年為新臺幣170,506元，2016年為190,852元（教育部，2018）。

2019學年度臺灣有公立一般大學33所，技專校院13所，空中大學2所；私立一般大學37所，技專校院57所，宗教研修學院6所，計有148所大專校院（教育部統計處，2020）。臺灣自1994年民間發起410教育改革並提出廣設高中大學的訴求，開始放寬大學數量的管制，因此從1994年起，大學校數及學生數的變化逐漸明顯增加。在二十五年間，臺灣大專校院數量增加5.4倍，學生人數增加近2倍。近年來臺灣在少子化的趨勢下，大專校院整體學生人數驟減，據教育部統計，大專校院2016學年度一年級新生為25.5萬人，較前一學年減少1.5萬人；另一

波明顯降幅則出現在2020學年，預測較前一學年減2.8萬人，且較2016學年度下降人數高達4.1萬人。未來除必須積極拓展外籍生及境外生外，部分學校的退場及學校法人的轉型，已是必然的趨勢（教育部，2017）。

由上可知，臺灣少子化趨勢、生育率低、大專校院大幅擴充，造成結構改變、大學過多、專科減少、資源稀釋、供需失調、學用落差、生員減少、國際觀不足、文憑價值貶值、部分學校招生不足或經營困難（林新發主編，2015；林新發，2020；張國保、袁宇熙，2015；張國保、袁宇熙，2020），導致人才培育出現問題，競爭力不足，故大專校院亟需整併、退場、轉型與創新發展。

當前技專校院退場亟需面對以下的問題：公私立學校停辦退場裁量基準問題、退場學校學生安置問題、教職員資遣轉業問題、學校財產處理問題、學校財產處理後的稅捐問題（張國保等人，2012）。為因應部分技專校院退場，教育部提出三大處理原則：(1)維護學生受教權益；(2)保障教職員權益；(3)以公共性為原則下，促進校產之活化與再利用（教育部技職司，2014）。有關學校退場轉型可考慮轉型長期照護、健康養生、社福機構、藝文特區、文教創意場所、AI創客工坊、回流在職教育、職業培訓中心等。對於退場學校，應檢視當地都市計畫及產業需求，在兼顧公益機制及適法誘因原則下，協助私立技專校院尊嚴退場，落實學校的資源再利用（饒邦安，2019）。

高等教育乃國家培育關鍵人才之搖籃，以及社會永續發展之基石。《大學法》第1條第1項明訂「大學以研究學術，培育人才，提升文化，服務社會，促進國家發展為宗旨」，為鼓勵學校以學生學習為主體，以「連結在地、接軌國際及迎向未來」為主軸，以「發展大學多元特色，培育新世代優質人才」為願景，教育部於2018年推動高等教育深耕計畫，分為第一部分「全面性提升大學品質及促進高教多元發展」：維護學生平等受教權，以及第二部分「協助大學追求國際一流地位及發展研究中心」：強化國際競爭力，兩大主軸推動。以五年為期，自2018年1月起執行至2022年12月止，以「人才培育」、「發展學

校特色」爲核心，協助大學配合社會趨勢及產業需求進行教學方法之創新，引發學生學習熱情，提升自主學習能力，進而發展大學多元特色，培育新世代優質人才（教育部，2017）。基於以上法令規定和政策，爲配合產業升級需要、提升全球之競爭力、因應人工智能製造、迎接創新社會來臨、推動國家資歷架構，臺灣之科技大學、技術學院、專科學校除一方面進行退場、整併外，仍應同時推動人才培育之轉型與創新。

二、技專校院學生應具備之關鍵素養

茲綜合有關文獻、期刊、論文及筆者之看法，提出技專校院學生應具備以下十項學習力和關鍵素養。

(一) 溝通表達力

良好的溝通表達力，是技專校院學生應具備的關鍵素養之一。透過「主動閱讀、跨域學習、數位科技、知識管理、口頭表達、社交歷練」面向的學習，以提升溝通表達力，讓學生能掌握與人溝通互動之技巧。

(二) 專業學習力

專業學習力是未來技專校院學生應具備的關鍵素養。透過「專門知識、專業技術、專業能力、深度學習、終身學習、情意態度」等面向的學習，以提升其專業學習力，並促進專業不斷學習成長和精進，俾適應不斷變化的時代需求。

(三) 實踐應用力

實踐應用力是學生轉化所學應用於產業科技的能力,經由「實際操作、不斷練習、學思並重、邏輯推理、實習實驗、精益求精」等面向的學習,增進技專校院學生具備實踐應用力。

(四) 工作就業力

技專校院學生的學習取向重在與工作就業結合。透過「職業試探、生涯規劃、工作準備、技能證照、就業甄試、職涯發展」等方面的學習,提升技專校院學生的工作就業力。

(五) 品德實踐力

良好的品德實踐力可以藉由「心存善念、口說好話、尊重負責、關懷誠信、正向關係、品格實踐」等面向來學習,有品德實踐力的人能讓顧客與老闆更能放心的交付所託。

(六) 身心健康力

身心健康力是人生的重要基石。透過「適當飲食、均衡營養、規律生活、充足睡眠、愉悅心情、走路運動」來鍛鍊身心健康力,俾成就美好的未來。

(七) 全球移動力

全球移動力係指個體願意參與國際交流,積極從事各種學習和分享活動,培養自己具有開拓心胸和宏觀思維,且能夠融入當地社會和認同多元文化的能力,以提升個人的競爭力(吳清山,2015)。全球移動

力包涵「國際教育、多元文化、生活外語、國際理解、公民意識、全球視野」，具全球移動力方能在未來的國際社會中贏得先機。

(八) 問題解決力

問題解決力是新世代菁英的必備能力之一，企業在評定工作者的價值時，最看重的即是問題解決力。問題解決力包括「認知了解、情境脈絡、尋找路徑、嘗試實驗、規劃執行、解決問題」，具有問題解決力者，能在不確定及變化劇烈的環境中，面對各種問題，找出可行的解決方案。

(九) 系統整合力

系統整合力是企業競爭中勝負的關鍵能力，亦是技專校院學生應培育之關鍵素養。其包括「情境學習、對話討論、創新思考、跨域合作、系統思考、追求卓越」等各面向的學習。

(十) 想像創新力

想像創新力是知識和創新社會中核心的競爭力，在技專校院培育期間，如何開發年輕學子想像力和創新力，關係國家未來之發展，此可以經由「問題意識、藝術涵養、美感素養、團隊協作、素養領導、創新應用」等各面向來培養，俾有助於未來社會不斷的創新發展和進步。

三、技專校院人才培育轉型創新之策略

為促進產業持續升級，科技製造業回流，經濟快速發展，以及提供產業發展所需之勞動力，未來社會對技專校院培育人才之需求將增加。茲提出技專校院人才培育轉型創新之策略如下：

(一) 明確校院定位，鬆綁有關法令

　　未來臺灣技專教育之目標為落實「學制多元、體系完整」、「務實致用、適性揚才」、「產學研發、共創雙贏」以及「跨足國際、全球接軌」四大特色。在人才培育政策方面提出以下四個建議：(1)人才培育務實化；(2)學校教育優質化；(3)產業用人精質化；(4)教考訓研用合一化（教育部，2013）。在臺灣依據《大學法》設立之技術學院及科技大學以培養高級專業及實務人才為宗旨。准許大學可降格為學院，學院可降格為專科，專科可降格為高職，提供高等校院另一種轉型方式，讓招生不足的技專校院可以縮小規模經營。校院自我定位後，才能依據策略規劃之內涵，訂定學校之發展願景與目標，並據以擬定校務發展計畫及執行策略與行動方案。因此，明確校院系所科定位，並適切的鬆綁有關法令極為重要。

(二) 增加經費投入，更新機具設備

　　學校訂定發展願景與目標後，需要經費的投入，並配合課程發展購置所需的機具設備。依鄭燕芬等（2010）研究發現，選擇就讀技專校院的學生最重視師資及設備取向，與時俱進且足夠使用的教學設備能讓學生具備充分知識和技能，為將來的就業職場做好準備。由政府、企業、民間團體資助經費，或政府補貼利息貸款等間接方式，俾促進技專校院的發展與轉型。

(三) 彰顯務實致用，發展專業特色

　　教育部2018年提出「高等教育深耕計畫」，強調應以學生學習為主，發展學校特色，技專校院在「彰顯務實致用」及「落實培育技術人力角色」之定位下，將能凸顯及強化「技專校院特色」，因此如何推動職場導向之實務教學，讓技專教育能達到「改善師生教學環境、強化產

學實務連結、培育優質專業人才」之目標，甚爲重要。此外並應配合產業結構之調整和轉型，發揮系所科專業領域之特色，以培育產業所需之專業人才。

(四) 採行雙聯學制，以增進移動力

所謂雙聯學制是一種跨國校際合作之交流模式，由雙聯學位（joint dual-degree）所產生的一種新興學程，但不等於雙學位（double degree）。由於以往國外留學生來臺就學相關規定嚴格，造成有意願來臺留學之國外學生極大不便與困擾。透過雙聯學制合作協定之簽訂，兩校學程視爲一體，兩校間所有學分、學程互相承認，不僅提供國外或境外學生來臺就學的另一管道，臺灣學生亦可循此模式赴國外或境外留學，跨國校際之間學生之移動限制得以解套，無形中提升學生之全球移動力。

(五) 聘雙師型教師，以加強應用力

雙師型教師（double-position teachers）是技專校院教師的特色與重點。所謂雙師型教師，一般係指教師兼具有學歷證書和專業技術證照。技專校院培育之學生，較一般大學更重視實際技能之培養。因此遴聘教師時，若能吸納雙師型教師，將能兼顧理論教學和實踐技術，教師具備知識、技術、能力、情意、態度、價值等專業素養（林新發，2018），對培養學生應用力及未來實際工作，將有極大的助益。此外，技專校院亦應積極與產業界建立夥伴關係，延聘業界人員擔任實習指導教師，以落實雙師指導，並協調業界提供實務課程的場所及學生職場實習的機會，落實產學合作，提高學生就業的實用技能，使實習和就業緊密鏈結（張海偉、李茹，2010）。並可引進具實務經驗和教學能力的高級工程師作爲兼任教師，帶動邁向雙師轉化，以加強學生實踐應用力。

(六) 有效課程教學，以提高專業力

　　有效深耕課程與教學，落實教學創新是「高等教育深耕計畫」的核心課題，且與學生學習品質有密切的相關。課程教學包含各學科內涵與價值、學生的學習經驗，透過課程設計將其系統化、結構化，經由教師的引導，師生互動並對學習結果進行評鑑與回饋。有效的課程教學即是經由這樣不斷的循環改進歷程，來提升學生的品質，創造整體學校學生的專業學習力。各級學校各班制（program）選擇適合的職能分析法，分析班制期望培育人才所需之職能，再以職能為共通語言，強化提升技專校院與職場、年級與年級、科目與科目等之間的供需、連貫和銜接，以提高學生品質、促進產業升級及經濟之發展。臺灣中小企業家數占97%以上，研發單位與人力相對不足。學校卻因少子化而規模變小，教師可以投入產官學研合作的時間增多，應鼓勵教師與產業密切合作，擔任諮詢顧問或研發人員，確實走入職場協助及輔導產業升級，以達到產學雙贏之目標。

(七) 加強科際整合，增跨域創新力

　　科際整合又稱為跨領域研究，指的是兩個或多個學科相互合作，在同一個目標下進行的學術活動。許多科學家認為，只有透過多個學科的整合，才能解決人類所面臨的不少棘手問題，例如傳染病、地球暖化等。技專校院受限於經費、資源、師資、課程等困境，若能加強科際整合，透過不同學科、不同領域之相互合作，不僅能活絡校內科系之發展，有效融通學校人力資本，進而與他校或跨國校際進行策略聯盟和合作，對學校經營與創新力之提升定有實質效益。

(八) 推動知識管理，增資訊溝通力

　　資訊科技時代，知識管理要成功，需要掌握以下要素：首先應擁有

適合知識管理實施的「組織設計」。確保組織中知識分享的品質，成就知識分享的動力在設立「知識考核標準制度」與「獎勵制度」；落實「知識評選的標準」，建立「知識轉移管道」；最後則是「設置在職進修的管道」，以保障成員有知識管理的觀念與實施知識管理的能力。其次，設計與安排知識管理人員、單位，成員具資訊科技能力及型塑信任、分享、支持的組織文化。

(九) 善用雲端閱讀，孕終身學習力

雲端技術強調的是節省成本、快速靈活和自由創新，基於「資源共享，知識共建」的概念，善用雲端是孕育終身學習的好利器。當前臺灣大專校院正極力開發之磨課師（Massive Open Online Courses, MOOCs）就是一種「共享數位教材」的課程，不僅能豐富學習資源，也使相關領域的教師在精進教學層面上獲益良多，也讓各地教師同儕及學子擁有多元化「教」與「學」資源（吳淑敏、林儷卿和劉修祥，2015）。

(十) 掌握運用數據，增分析判斷力

在技專教育中強調產學合作的重要性，就需要培養學生從大數據中進行分析。所有的大數據中還必須包含著許多子數據，因此，在技專教育的課程中讓學生具備相關數據的統計及整理能力，以及對數據的分析及運用能力，引導學生善於進行相關數據的統計與整理，並從現有的數據分析中發現市場問題、發掘市場潛能，俾能提出解決和因應發展策略。

(十一) 加強案例研討，增問題解決力

為使學校所學的知識能運用到實務現場，案例研討對提升學生問

題解決能力甚有幫助，從案例討論中能了解教育現場可能會遇到的問題，經由討論的過程可以學習其他人的解決方法，藉此提升學生在面對相同問題時的解決能力。

　　案例教學法旨在透過主動學習和解決問題，認知學習過程促進對類似問題的解決，不同的案例可以協助教師在腦中建立資源庫，作為新教學問題解決的基礎（沈羿成和劉佩雲，2012）。並使參與者養成主動學習及思考推理能力，並透過參與者互相交換彼此經驗和意見，進而增加對同一問題不同的看法，同時也學到問題解決的方法與技巧。

(十二) 推動產學合作，以培養就業力

　　由於產業界與大學在目標、文化、程序、權限、價值體系、鼓勵機制、溝通與合作等方面存在差異性，因此，產學合作過程中存在各式各樣的壁壘與限制。而產生壁壘的最主要原因在於，產業界與技專校院在知識管理制度規範的差異性，以及技專校院以技術為中心的研究體系。影響產學參與之因素包括轉讓人的刺激、轉讓的能力、技術商品化的程度、許可費的分配、參與的意願與程度等。其中信任是消除以上這些壁壘的最好方法之一，而這種信任需要基於不同激勵體系與目標互相理解下，經過長期的互動才會產生。此外，技術校院亦可辦理「產業學院」，由業界與學校合作，針對業界需求開設各類型產學合作專班或學程，雙方共同培育具就業力之人才。

(十三) 倡導師徒制度，以培育品格力

　　師徒制度可以提供不同性質功能，使得資淺者於各方面都能學到，尤其是勤奮、誠信、負責、信賴等品格。Kram認為師傅扮演著兩種角色，分別是工具型角色以及心理型角色。前者指的是影響徒弟職涯發展的角色，例如增加徒弟在組織中的曝光度、引薦徒弟給同儕或主管等，具有職涯相關功能（career-related function）；後者則是扮演提供

徒弟心理支持的角色，具有社會心理功能（psychological function）
（涂博崧，2011）。

　　師徒制代表著資深（師傅）與資淺者（徒弟）之間的交流過程，以
及包含資深者知識的分享與資淺者的學習，不但能提升徒弟本身的能
力，還能幫助組織不斷的進步或成長創新（李昭蓉等，2009），較願
意投入工作，擁有較正向的態度，工作較滿意以及減少離職傾向，亦有
助於涵養職業所需具備之品格。

(十四) 落實實習制度，以增進實作力

　　企業實習制度學生在實際情況中，透過直接操作之經驗學習。除了
學習知能、技術之外，尚能培養公民素養，學生們可以在實習的現場
體會與學習到群體社交成員的互動與人際的關懷。在企業實習後能建立
尋找工作的信心，提高工作價值，並建立社會技能。應鼓勵學生利用課
餘至校外學習專業知能及職場經驗，鼓勵並補助學生進行海外技能交
流，建置技專校院學生校外實習媒合平台。

(十五) 推證能合一制，以提高技術力

　　證能合一是技專教育「務實致用」的方法之一。目前政府及民間證
照種類甚多，惟未能對應產業實際需求，致學生取得之證照無法與業界
實際需求之能力相符，學校課程無法完全配合產業需求因應和調整。
目前具體的做法有：(1)研提技專校院系科與產業需求相對應之專業證
照，並鼓勵學生取得；(2)結合教考訓用，獎助技專校院依據各目的事
業主管機關所建置之職能基準，與產業界共同規劃課程，並協助學生取
得通過勞委會之職能導向課程品質認證標章之結業證書，以提升學生
就業力，最終達成證照與能力合一，提升學生技術力和專業證照之效
用，並在目標、師資、課程、教學、學生、設備等面向，著重「逆向設
計、順向行動」（backward design and forward action）程序，以提高

學生技術力。

(十六) 提供展現舞臺，以培養整合力

　　有專業人才，就需要有舞臺。整合能力是企業或領導者綜合應用其現有的知能與所獲取知能之素養，這種能力或素養不僅是工具的運用，更重要的是成員之間的溝通協調，以及這些人員之間所具備的共通知能。知能整合素養是由以下三種素養的統合：(1)系統轉化素養：經由符號、計畫程序等形式化的系統，將既有的知能整合成新知能的素養；(2)溝通協調素養：經由互動、溝通、教育訓練等管理手段，將有關學科領域的知識整合成創新知能或產品的素養；(3)社會價值素養：經由價值信念、非明文規範的準則或默契，成員彼此適應協調而將複雜內隱的知能整合成新知能的素養。此外，技專校院系所科之主管亦可結合正向領導、課程領導、教學領導、知識領導、科技領導等（林新發、朱子君主編，2020），運用理念價值引領、專業知能精進、有效教學實踐、關鍵能力培育、情意態度涵養等素養領導面向，以前列技專校院學生應具備之十項關鍵素養為方向，推動總整課程、加強產學合作、著重職場實習，運用人才培育轉型創新之有關策略，俾因應未來社會轉型、促進經濟發展、產業結構調整，提供青年人展現的舞臺，以提升技專校院學生具備專業技術人員之整合力。

參考文獻

內政部人口統計資料（2019）。中華民國內政部戶政司全球資訊網。https//ris.gov.tw/app/portal/3k6

行政院主計處（2007）。**國情統計通報**，第113號。行政院。https//www.dgbas.gov.tw/public/Data/761516391971.pdf

行政院（2020）。**國情簡介**。行政院。https//www.ey.gov.tw/state/99b2E89521FC31E1/835a4dc2-2c2d-4eeu-9a36-a0629a5de9f0

吳淑敏、林儷卿、劉修祥（2015）。從「雲端」整合教學資源——以高雄應用科技大學經驗爲例。**評鑑雙月刊，53**，31-33。

吳清山（2015）。全球移動力。**教育研究月刊，259**，110-120。

李昭蓉、蔡淳如、楊雅蒨、林思翰（2009）。**師徒制與師徒功能對員工創新行爲之影響——以知識分享爲中介變數**。http://hrda.tidi.tw/picture/com_data/big5/2.1.pdf

沈羿成、劉佩雲（2012）。案例討論提升教學問題解決能力之研究。**師資培育與教師專業發展期刊，5**，69-87。

周春美、沈健華（2010）。專題導向學習應用在技職教育專業化之行動研究。**技職教育期刊，1**，1-16。

林新發主編（2015）。**學校退場問題與因應策略**。五南。

林新發（2018）。教師專業素養的意涵與實踐策略。**臺灣教育雙月刊，711**，29-47。

林新發（2020）。大學校院整併的意涵、成效、問題與治理策略。載於黃政傑、李懿芳主編，**大學整併：成效、問題與展望**。臺灣教育研究院社。

林新發、朱子君主編（2020）。**教育領導的新議題**。元照。

涂博崧（2011）。師徒制度功能對徒弟職涯成效影響之整合分析。政治大學心理學系碩士論文。http://nccur.lib.nccu.edu.tw/retrieve/79666/201501.pdf

張海偉、李茹（2010）。「雙師型」教師技能培養研究與實踐。**機械職業教育，8**，18-20。

張國保、袁宇熙（2015）。臺灣技專校院退場機制之檢討與因應。載於林新發（主編），**學校退場問題與因應策略**。五南。

張國保、袁宇熙（2020）。公立高等教育機構整併問題與因應之道。載於黃政傑、李

懿芳主編，大學整併：成效、問題與展望。臺灣教育研究院社。

張國保、黃嘉莉、劉曉芬、胡茹萍、徐昌慧（2012）。因應少子化我國大專校院整併、轉型與退場機制之研究。行政院研究發展考核委員會委託研究案報告。

教育部（2013）。轉型與突破：教育部人才培育白皮書——培育多元優質人才，共創幸福繁榮社會。

教育部（2017）。高等教育深耕計畫（核定版）。

教育部技職司（2014）。教育部公布私立學校「輔導改善、轉型活化」機制。https://depart.moe.edu.tw/ed2300/News_Content.aspx?n=5D06F8190A65710E&sms=0DB78B5F69DB38E4&s=1F2861F9B4F2476F

教育部統計處（2019a）。108年版教育統計指標之國際比較。https://stats.moe.gov.tw

教育部統計處（2019b）。主要統計表——歷年校數、教師、職員、班級、學生及畢業生數。https://stats.moe.gov.tw/files/main_statistics/seriesdata.xls

教育部統計處（2020）。108學年度大學校院一覽表。https://ulist.moe.gov.tw/Browse/UniversityList

鄭燕芬、王昭雄、龔瑞維（2010）。高中職學生對技職教育之認知與選擇技專校院因素之研究。正修學報，**23**，177-195。

饒安邦（2019）。私立技專校院轉型與退場。臺灣教育評論月刊，**8**(4)，6-11。

第九章

科技大學轉型長期照顧機構之危機與轉機

林佳靜

弘光科技大學老人福利與長期照顧事業系教授

一、前言

　　大學，是高等教育體系，是專業智庫與智慧校園，是科學與技術的領銜，更是社會融合與思想領導之有機生態體；那麼，科技大學亦若是！在社會發展過程中，科技大學挾有專業密集、技術先進之人力資源和設施設備，扮演技職教育和產學同盟角色不遺餘力，當全球產業持續升級時，人才需求殷切，研發創新不斷開展之當前，科技大學卻面臨了一項前所未有的挑戰：少子化；該人口挑戰已顯著加重對科技大學生源的嚴重衝擊，招不到學生的困境，可能導因於學校體質與辦學品質，可能是學校設立數量供過於求，但本文探討轉型之著眼點，在提醒科技大學宜提前思索，當優勢與機會不再確定時，如何降低劣勢的耗損和威脅的打擊，並引用Prahalad和Ramaswamy（2004）提出價值共創（co-creation of value）、Porter和Kramer（2011）的創造分享價值（creating shared value）等觀點，來診斷和盤點大學發展價值，包括確認經營價值、共同決定模式和促進互動創價等，以協助科技大學當局正確決策退場規劃抑或成功轉型，俾利提升危機化為轉機之機會。

二、引用理論基礎：大學的彈性與人力不亞於企業，卻不擅與關係人進行價值共創和分享價值

　　大學隸屬於教育體系，科技大學是技職教育的高等學府，所屬教師不論在領域專業與人力素質，多元且精實。近二十年面對教育政策變革、社會發展、人口結構等外在環境之挑戰，除了校園體質與教師發展不斷卓越和深耕，多數科技大學能走出校園巨塔，攜手產業和社區，科技大學向來給社會帶來技術導向的印象、對應產業培育所需的職場人力資源，技職教育普及的同時，也讓科技大學漸朝特色經營的時代正來臨；然而，少子化卻喚醒國內科技大學經營永續面臨轉折，以及需審慎重新評估轉型之可行性，此為本文論述之主要背景。其次，科技大學除了鞏固技職本業，拓展生源，一方面彈性運用教師與職員人力資源，另

一方面變革辦學形式和行政框架，開始著手了包括籌設具前瞻性之附設機構、產業攜手委託經營、拓展海外生源和班別、鼓勵教師創設衍生事業和尋求整併或異業結盟等策略。前述科技大學的積極變革或者是開源節流，自然爲了永續經營，經營主體雖能夠透過校內校務會議合意，惟相關決策仍多侷限於管理階層或董事會所爲，本文認爲，透過單向之行政指導，或僅憑高層評估產生之決策，預期可能出現不完善的評估與風險控制問題；反之，倘若科技大學當局參酌「價值共創」之觀點與內涵，預期科技大學管理階層攜手的除了外部利害關係人，尚包括校內教職員工。

思索轉型首要之務，則是營造互動的信任基礎和平台機制；價值共創其實能提醒決策者，價值共創不訴求授權或分權，較期待的是經營者和利害關係人之間，彼此能先共同找出大學經營之問題本質，後則構築互動氣氛並實際交流。Prahalad和Ramaswamy（2004）認爲，組織中進行價值共創時，使得各關係人之間促成有效互動之要素有：透明度（transparency）、對話（dialogue）、風險效益（risk-benefits）和介接（access）等四項。該價值共創之理論基礎主張，讓利害關係人透過互動，開創出兼顧經濟價值、社會價值與個人化的認知價值；強調如何透過利害關係人的合作，整合彼此的專業與貢獻，進而創造價值；價值共創歷程乃透過「平台」的媒合，連結利害關係人的問題與其資源，促進利害關係人的「互動」，而互動的本質更是主張管理階層和各界利害關係人之對話、溝通、協調、權責分配和風險聯評（杜鵬等，2017；Pinho et al., 2014；Tantalo, 2016）。再參酌杜鵬等（2017）之見解，創造的價值來自該組織資方、員工、顧客、社會利害關係人等主觀認知、獨特見解、公開認可和形成共識，其包括的是有形的產品、服務和無形的情緒，另於組織之價值共創與價值分享，則提出創新經營發展或轉型服務模式過程中需強調價值共創與分享的核心：互動和分享，來回應Porter和Kramer（2011）營造分享觀點、Ranjan和Read（2016）從競爭對立轉爲合作合夥之創造價值模式，以及Vargo和Lusch（2016）從管理階層主導之邏輯，去強調組織、產業和社會互動後達成價值共創之

理論基礎。

三、集思大學轉型之關鍵：大學轉型面臨問題網不易確認、缺乏共創價值互動，但最困難的是權責共享

　　張國聖（2012）論述大學退場機制從基調到變調，認為臺灣高等教育體系因為數量急遽擴張，加上少子化已嚴重挑戰大學的未來發展，其中論述的私立技職校院首當其衝，可能造成文憑貶值、高學歷高失業率、學生素質與求學動力普遍降低，以及大學是否順應學生民意來辦學。劉世閔（2019）探討大學退場機制中提到，我國少子化與高齡化的來臨，大學正面臨高教大限海嘯襲擊，並指出公私立大學學生人數未達3千人，註冊率不到6成，將被教育主管機關列為退場或轉型的專案輔導學校，大學退場形式包括合併、改制轉型或退場等方式。本文立論則著重於大學面對生源不足時，提前布署之問題診斷、需求評估和發展決策等過程，在公部門仍在積極構思就少子化衝擊之有效因應或政策時，短期內要消弭少子化對教育體系之負面影響，恐只能紙上談兵，對大學未有實質助益。然若掌握關鍵因素，三年以內要規劃退場或轉型，並不會如此悲觀。參酌Afuah和Tucci（2013）、Gupta等（2020），以及Prahalad和Ramaswamy（2004）的論述不難理解，當組織面臨變革前，首先需要討論轉型前置的各類問題，此類問題不僅僅是科技大學內部管理階層該思考探究的問題，可能也和教職員工的工作權益、專業發展和職涯延續有關，更可能成為日後學子和家長的選擇與社會觀感問題，上述不外乎亦為教育體系的資源分配與重置的問題。價值共創需先釐清面臨轉型的共同問題，非僅是個別利益的問題，這類由各利害關係人共同發掘、討論、釐清與分析的問題，又稱為問題網（question net），當形成問題網的過程與問題連結機制成熟，網絡內外的利害關係人自然能夠構築互動、對話、透明和兼顧風險效益的管道或稱為平台。

　　當科技大學面臨轉型或退場選擇時，價值共創更強調管理階層、教

職員工和利害關係人要一起面對問題、共同討論、協商、解決問題網的問題，不是片面決策，該理論強調系統化解決問題，導因於組織變革的責任應由全體承擔，當全體意志形成的過程中，共識可以適時分散管理階層的負荷，降低錯誤決策風險，更可全方位同步與因應威脅和挑戰，減少內耗與不安；對於選擇轉型的科技大學，不應被視為辦學績效不佳或貼上後段班的標籤。事實上，若科技大學選擇轉型，確實可能片面改變組織架構或規程，但目的在尋求永續經營的契機，最終目標仍為取得校務發展價值的極大化，該價值即為各方利害關係人和管理階層的共同價值，在企業則視為綜效（Lee & Raschke, 2020; Nenonen et al., 2019）。從Prahalad和Ramaswamy的觀點，認為價值共創的方法是從個體串接至群體之系統觀，以科技大學面臨轉型的決策為例，該立論點可詮釋為科技大學從管理階層單方面經營效益的觀點，至利害關係人之間的問題網、以至價值鏈等共創價值的程序。這類程序可能挑戰科技大學當局的決策結構，甚至影響後續的轉型權責分派。傳統上，管理階層慣性地單獨制定決策後，以指導和分派的形式進行轉型，屬於上對下之程序，對於和教職員工等利害關係人之間普遍在轉型過程造成對立與猜忌的關係，應重新思考其可行性；善用利害關係人的專業與群體智慧，棄除本位主義，以換位思考和同理彼此立場，更能清晰權責的劃分，因為沒有任何一位關係人願意讓自己落入為難的窘境，因此，價值創造就是共同分擔轉型的權責，追求價值的合理分享。綜上所述，作為科技大學進行轉型時，可茲參考價值共創做法之理論依據。

四、科技大學轉型發展長照：忽視共創價值的重要恐面臨危機，善用價值分享則可見轉機

我國和其他先進國家一樣，相對較早且更快地面臨人口老化的衝擊。值超高齡社會的社會型態即將屆臨，科技大學尋求各類轉型方向之刻，選擇承辦長期照顧（以下簡稱長照）服務，係對接衛生福利部長照政策之需求，又可善盡大學社會責任。重要的是，多數上述決策者認

為，有鑑於高齡人口持續增加，開發長照服務個案似乎比招生樂觀。確實，全國現今長照服務需求與日俱增，各縣市不論都會、偏鄉或離島，至2020年為止，也就是長期照顧服務2.0版實施以來已逾四年；在相關法令配套相繼頒布實行至今，不論是住宿機構式、社區式、居家式、家庭照顧者支持服務和其他總計超過十餘項的長照創新服務正蓬勃發展，且立案家數逐漸蔓延全國各區域。長照服務之中央主管機關，衛生福利部為了鼓勵私立學校申請辦理長照服務，特別簡化私校申請之行政程序，並於2019年12月修正了《長期照顧服務機構設立許可及管理辦法》部第3、4、6至37條等15條條文（依衛生福利部衛部顧字第1081963592號令），規定爾後若私立學校規劃辦理長照服務，可不需以學校法人名義，得逕由校長（高中以上私立學校為限）擔任機構立案申請人與負責人，且業經核准後得使用學校名義，直接設立長照機構。衛生福利部之所以邀集國內具有照顧服務能量之高中以上學校，參與籌設與設立長照機構，本意為廣結社會資源、凝聚照顧能量與網絡單位，該政策的確鼓勵了當前正值考慮轉型的科技大學；然而，科技大學宜正視轉型長照機構既非在原校園全然變更為長照機構院區，教職員工亦未必符合長期照顧專業服務人員的任用資格等現況條件，因此，大學轉型改為提供長期照顧服務之決策，若輕忽其中，則背後之危機不言可喻。

危機一：科技大學轉型長照機構就可以開源和增加生源？

高齡社會連動著高齡者人口比率增加的現象，同時長照需求確實顯著提升。我國目前各類長照機構立案家數顯著成長，只觀其一則容易令人聯想長照超額利潤之可觀，多數公開訊息更常報導長照機構服務能量相對長照個案之需求量，呈現供不應求的市場榮景，且自2020年5月長期照顧給付與支付基準修正後，明顯地提升照顧人力之薪資待遇和機構營收，當下自然亦吸引科技大學思索轉型之矚目。然科技大學若僅憑藉長照高深莫測之需求，而誤判校園中設立長照機構就可增加營收、甚或

成為招生的特色或亮點引進生源，務求慎之。申請設立長照機構、開發個案連結資源和執行照顧實務等運作，皆需要投入不同時期淨現值的設算基金，先不論預計還本期是否客觀或存有風險，科技大學若跨足至長照，其本質上屬於跨領域的專業服務，被服務對象不再是學生身分，而是經由地方長照主管機關之照顧管理專員評估失能等級與審核額度通過之長照個案（非限定高齡者，尚包括身心障礙個案等其他失能者），機構可以服務的個案人數，其名額則需依法於設立時申請服務規模，依據《長期照顧服務機構設立標準》，除居家式長照機構外，各類機構服務規模皆規定有上限，故研判大學辦理長照服務，確實很難直接解決招生問題，更遑論獲取超額利潤來填補營運資金缺口。

危機二：科技大學轉型長照機構就可以妥善安置教師和員工？

　　承上述危機之一，若科技大學辦理長期照顧服務不在解決招生問題或增加招生管道和生源，那麼，校級管理階層可能規劃校內專任教職員工之超額人力進行調控與安置作業。如前所述，若校方將所謂的超額人力遴調往校內長期照顧服務機構服務，預期直接遭遇的問題是，現有教師或員工恐因《長期照顧服務機構設立標準》、《長期照顧服務人員訓練認證繼續教育及登錄辦法》等法之規範，致使大多數校園教職員工無法符合長照專業服務人員之資格與訓練要求。況且機構照顧之人力比和必須聘任之專業人員、數量早有所法，若安置不成，恐需增聘額外的長照人力，此舉在經營成本節流上形同雪上加霜。另，校級亦當考量該超額人力所屬系所之專業與意願，並非任一系所教職員工皆屬於長照學術領域，故科技大學嘗試運用設立長照機構來安置或調控校內現有超額人力之前瞻策略，著實不易試行。

危機三：科技大學轉型長照機構運用現有空間教室可充抵長照機構立案空間？

再者，科技大學若因生源降低且面臨減招減班，最可能規劃從空間進行有效轉行運用，包括將校園中現有已符合消防公安、室內裝修或建築法規之閒置空間、室內教學場地或其他設施設備等，變更爲長照服務用途，雖說此舉確實可以降低大學申請設立長照機構的門檻，減少機構立案過程之成本開銷，解決長照使用土地和立案空間適法性等問題，然依現行《長期照顧服務機構設立標準》，長照機構立案空間除需爲照顧服務專用，並需要依據相關照顧專業進行內部單元設計與改造，目的係以符合個案需求、性別議題和服務倫理；若長照機構立案於校園中，仍需考量高齡者之生活作息，倘若和校園內原有上下課鐘聲步調相違時、或服務空間成爲教學實作體驗教室或研究場域，建議大學決策當局宜先設想，在校園中所服務之長照個案，是否會成爲受師生觀察、訪談、人體實驗或調查研究的直接對象？當大學校園積極布建長照機構時，若不慎罔顧個案的隱私權和個人權益，往後這類型校園附設之長照機構，如何通過比大學評鑑更頻繁的機構評鑑與不預查核，故本文研判，原先預估運用閒置場地空間的轉型主場優勢，將不復存在。

以上危機意識之陳述，不在破壞大學布建長照之思路與活路，筆者十餘年來身爲長期照顧政策發展之觀察者兼研究者，提陳上述論述，旨在懇切提點科技大學轉型長照之愼思面，非決策點；亦提出可能衍生的實務問題，冀有利於科技大學後續順利開展長照事業；並再次呼籲科技大學管理階層，愈早實現轉機，可提早成功轉型長照；最後強調，運用價值共創和懂得創造分享價值之轉型，可茲消弭管理階層和利害關係人的對立與猜忌，降低內部耗損，有效分散權責負擔和轉型風險等。撰者客觀估計，承上作爲，則科技大學可在少子化浪潮中扳回一城。茲提陳科技大學轉型長照機構之價值、人力和發展轉機，供決策當局參考：

(一) 價值轉機

　　科技大學轉型長照機構，若能釐清校級管理階層與利害關係人各自串接之問題網，落實價值共創的互動，並以群體互動決策取代上對下或其他單向指導，以價值分享為互動引力，預期可以提升科技大學轉型長照之綜效。

(二) 人力轉機

　　科技大學轉型長照機構需要盤點超額的專業師資與人力資本，讓適合教師職工對象自主準備轉型長照機構業務負責人，會比指派的做法更有效率，因為讓該超額人力和管理階層共同掌握籌設與設立之細節，除增加對學校的信任感，更可提升相關人員的責任感，於共同承擔營運風險與效益分享之氣氛中，有利於友善轉型。

(三) 發展轉機

　　科技大學轉型長照機構應重新審慎規劃校園中長照使用空間，係因需符合長照機構設立之標準，且長照機構之空間規劃內涵和大學教育單位之設立全然不同，需避免長照機構的服務場域淪為校園照顧實境教室，或校外人士蒞校參訪之景點；防止違反長照之特約規範，則需要由校園中教職員工協力共構跨系所資源和專業領域，並同步提高教職員工與學生之認同感；轉型絕對不需拋棄大學之教育本業，反之，科技大學若欲營造校內長照機構之特色，可沿用校內過往之研究發展能量，或促使轉型後之大學，成為長照機構專業服務人力資源發展、在職充電之基地，以及照顧服務技術、方案和輔具用品研究發展的後盾。

五、結語

　　轉型長照機構對科技大學管理階層而言，絕非全然推翻大學教育本質，更不是拋棄過往的科技研發競爭實力。轉型，係為改善大學的市場評價，更要積極釐清問題網和追求共同價值，愈早實現價值共創和價值分享的透明互動與對話，對科技大學、管理階層、超額人力和利害關係人等皆為轉機，也是轉型長照服務之契機。上對下單向的威權領導或缺乏行政奧援的下對上盲從提案，皆非理想的價值共創轉型方式。具有成功轉型長照潛力的科技大學，預料將會邀集利害關係人參與群體決策，經過理解彼此、理解價值共創和分享價值後，有望在少子化浪潮中幫助科技大學扳回一城。

參考文獻

一、中文部分

杜鵬、李慶芳、周信輝、方世杰（2017）。「（創）串新」的服務模式：以價值共創觀點探索尚品宅配的服務流程與本質。**管理學報，34**(3)，401-430。

張國聖（2012）。魔鬼眼中的「追求卓越」遊戲：從「退場機制」看我國高教發展的變調。**教育與社會研究，24**，75-105。DOI: 10.6429/fes.201206.0075

劉世閔（2019）。大學退場機制：市場機制是潘朵拉盒？**臺灣教育評論月刊，8**(4)，27-34。

二、英文部分

Afuah, A., & Tucci, C. L. (2013). Value capture and crowdsourcing. *Academy of Management Review, 38*(3), 457-460.

Gupta, K., Crilly, D., & Greckhamer, T. (2020). Stakeholder engagement strategies, national institutions, and firm performance: A configurational perspective. *Strategic Management Journal, 41*(10), 1869-1900.

Lee, M. T., & Raschke, R. L. (2020). Innovative sustainability and stakeholders' shared understanding: The secret sauce to "performance with a purpose". *Journal of Business Research, 108*, 20-28.

Nenonen, S., Storbacka, K., & Windahl, C. (2019). Capabilities for market-shaping: Triggering and facilitating increased value creation. *Journal of the Academy of Marketing Science, 47*(4), 617-639.

Pinho, N., Beirão, G., Patrício, L., & Fisk, R. P. (2014). Understanding value co-creation in complex services with many actors. *Journal of Service Management, 25*(4), 470-493.

Porter, M. E., & Kramer, M. R. (2011). Creating shared value: How to reinvent capitalism and unleash a wave of innovation and growth. *Harvard Business Review, 89*(1/2), 62-77.

Prahalad, C. K., & Ramaswamy, V. (2004). Co-creation experiences: The next practice in value creation. *Journal of Interactive Marketing, 18*(3), 5-14.

Ranjan, K. R., & Read, S. (2016). Value co-creation: Concept and measurement. *Journal of the Academy of Marketing Science, 44*(3), 290-315.

Tantalo, C., & Priem, R. L. (2016). Value creation through stakeholder synergy. *Strategic Management Journal, 37*(2), 314-329.

Vargo, S. L., & Lusch, R. F. (2016). Institutions and axioms: An extension and update of service-dominant logic. *Journal of the Academy of Marketing Science, 44*(1), 5-23.

第十章

私立大專校院經營
面臨的挑戰與展望

唐彥博

中華民國私立教育事業協會理事長

中國科技大學校長

　　少子化問題促使私立大專校院面臨生源不足之危機，其中衝擊最大爲私立技職體系大專校院，主要原因之一是學生選擇學校：先公立學校後私立學校、先一般普通大學後技職學校；其次，教育資源分配，公立學校優於私立學校、一般普通大學又優於技職學校。根據統計數據顯示，二十年來技職生所占比率銳減，高中生以前僅占3、4成，高職生近6成，演變至今，高中、高職生占比已呈五五波；在大學生與技專生比例上，二十年前大學生不到4成、技專生6成，現今技專生已僅剩5成2（吳柏軒，2020c）。顯見高等教育中技職體系學校逐漸萎縮，未來發展令人憂心。2014至2019年大專校院退場五所學校全部是技職學校。此外，截至2020年11月底，已有十幾間大專校院爲預警學校，未來生源逐年大幅遞減，從2019學年度近24萬人減少至2028學年度剩不到16萬人。可以預知未來預警學校、輔導學校及退場學校將愈來愈多，私立大專校院之經營危機短期內難以有效解決。

一、私立大專校院經營面臨的困境

　　當前臺灣高等教育面臨「五缺」困境，包括缺人、缺錢、缺名、缺主及缺用。缺人是指少子化、人才流失、優秀學生出走至國外等；缺錢則是教育經費與他國比較甚少；缺名爲大學缺少競爭力，排名節節退後；缺主則是大學缺乏自主性；缺用則是缺乏整體產業盤整、供需失衡、缺乏學以致用，導致學用落差（林良齊，2018）。

　　私立大專校院面臨少子化衝擊下，未來經營恐面臨惡性循環：招生不足導致財務不佳，進而人事不穩、經營不易、聲譽不好、學生流失、補助減少、系所停招、加速退場。現階段私立大專校院經營負擔愈來愈沉重，因爲學雜費收入減少、教職員薪資增加、政府補助經費不足、每年超額年金負擔加劇等。

　　私校停辦退場的前兆，包含經營不善、特色不明、招生不足、財務不佳、人事不和與法規不依等。可能帶來的衝擊則有「三轉」（學校轉型、教師轉業、學生轉校）、「三失」（學校失能、教師失業、學生失

學），即學校因轉型忙碌而失能（蚊子學校）、教師茫然失業（流浪教師）、學生轉校盲目乃至失學（失學學生）等。

二、私校退場條例草案之芻議

　　為因應少子化衝擊，使辦學困難的私校順利退場，教育部制定私立大專校院轉型及退場條例（草案），行政院於2017年11月23日函送立法院審議，惟未於第9屆第8會期完成審議。後來，教育部提出新版私立高級中等以上學校退場條例草案擴及高級中等學校，行政院會於2020年11月19日通過該草案，明訂專案輔導學校應於公告之日起算三年內改善，如未改善，主管機關應令停止全部招生，並於停止全部招生的當學年度結束時停辦，停辦後的兩個月，董事會應向主管機關申請法人解散，剩餘財產只能歸屬地方政府或退場基金。高教工會點出教育部草案有三大漏洞和兩項缺失，然教育部表示，因應少子化影響，部分私立高級中等以上學校將面臨生源不足，以致影響財務狀況，造成學生受教權受損、校地閒置，以及教職員工失業等急迫性問題。為使辦學困難的學校順利退場，確保學生及教職員權益，強化校產公共性，且私校退場事項涉及層面複雜，將以制定專法方式來協助辦學績效不佳的私校退場（張理國，2020）。由於對此一退場條例草案內容，不同團體有不同的看法。此一草案政府立法精神，對私校而言似乎以防弊的方式處理，欠缺提出相關配套振興私校措施，以協助私校度過少子化衝擊的困境。

　　期盼立法院與政府在私立高級中等以上學校退場條例（草案）制定過程中應避免「五不」：誘因不給、程序不顧、輔導不周、配套不全、溝通不良。有關各界針對私校退場條例草案提出不少建言，個人舉其犖犖大者建議如下：

(一) 符合程序司法正義

　　《私立學校法》（全國法規資料庫，2020）是政府規範私校運作的母法，第25條規定：「董事會、董事長、董事違反法令或捐助章程，致影響學校法人、所設私立學校校務之正常運作者，法人或學校主管機關應命其限期改善，屆期未改善或改善無效者，法人主管機關經徵詢私立學校諮詢會意見後，得視事件性質，聲請法院於一定期間停止或解除學校法人董事長、部分或全體董事之職務。」明文規定教育部若要停止或解除學校法人董事長、部分或全體董事之職務，必須由法院最後判決。但現今退場條例卻便宜行事，違背母法且有違程序與司法正義。

(二) 閒置土地優先處理

　　《私立學校法》第1條：「為促進私立學校多元健全發展，提高其公共性及自主性，以鼓勵私人興學，並增加國民就學及公平選擇之機會，特制定本法。」教育部應本此精神，促進私立學校多元健全發展。私校因少子化衝擊面臨財務困難，勢必影響教學品質，而行政院通過退場條例草案明定預警學校與專案輔導學校重要指標，包含財務、教學品質等指標。此一條例規劃編列50億退場基金，以協助學校解決無法立即籌措足夠資金之困境，以維護教職員工生的權益。然而，此基金之運用時該私校已被判死刑（停招停辦退場）。建議在預警階段，被預警私校可依《私立學校法》第49條第1項及第2項第1、2款規定，學校法人就不動產之處分或設定負擔，應經董事會之決議，並經教育部核准後辦理該校閒置之校地或建築物之處分。處分所得的款項在教育部監督下運用於教職員工積欠的薪資、資遣費或離職慰問金、改善教學品保，以確保教職員工權利和保障學生良好的受教權，若還有剩餘款項則作為學校規劃轉型發展之用。如此既不動用到退場基金，又能協助預警學校解決經營之困境，朝良善發展。

(三) 提供私校退場誘因

作者在2018年接受《評鑑雙月刊》專訪時便呼籲政府師法韓國，讓退場學校財產經清算處分後，剩餘校產可有部分比例回歸原財團法人學校，再挹注到其他私校或社福機構，但不能轉進董事個人口袋，以提高私校退場誘因。其次，對於教育部判為停辦退場學校，倘若民間企業僅以數千萬元或極低代價即可入主瀕危退場私校的做法，是教育公共化的最大隱憂，政府應要求該企業進入新董事會，同時提撥相對經費給退場基金，勿讓大學淪為私人企業的培訓所（陳曼玲，2018）。

三、政府營造前瞻的教育環境

高教未來發展除私校自己要努力外，有賴大有為政府營造更前瞻的私校發展教育環境。政府在武漢肺炎疫情期間，屢幫受到衝擊的產業紓困，而受到少子化衝擊的私校亦是弱勢產業，建議政府對私校應「雪中送炭」，例如，註冊率具有可操作性，不應作為懲罰私校的條件，因註冊不佳導致被扣私校獎補助款之補助；再如，未來高教、技職體系在入學考試與行政組織上也應整併為一，對大學資源分配不再兩套標準。期盼政府在制定私校退場條例相關配套措施時，積極研議紓困振興私校方案，營造前瞻的教育環境，茲建議如下：

(一) 召開高教國是會議

目前高教白皮書已無法因應國家高教及產業未來發展的需求，導致令人有感覺頭痛醫頭、腳痛醫腳，呼籲儘快擬定方向可期、策略宏觀的高教政策（吳柏軒，2020a）。針對私立大專校院面臨的種種困境，私立大學校院協進會提出建言：盼政府在行政院下成立跨部會高教政策規劃及監理委員會，並呼籲政府公平配置補助高教資源，加強協助弱勢學生就學、平等對待公私立大學校院社會資源捐款運用，另外針對學雜費

議題，則建議政府尊重並回歸原有法定學雜費調整計算基準，同時鬆綁活化私立大學校院資金及資產運用，並積極協助經營艱難學校轉型、改制及退場，正視臺灣高教面臨的嚴峻挑戰（潘韜宇，2020）。建議由行政院召開「高教國是會議」，集產官學研及教師與家長團體共同研商。

(二) 學校自主學費鬆綁

聯合報系願景工程（2017）針對國內大專校院校長所進行的調查發現，高達8成6的國內大專校院受訪校長直言：「教育部管太多！」另外，更有9成8的校長贊成「高等教育應朝自由化方向發展」，幾乎是校長們的共同心聲。其中，高教自由化應優先鬆綁的項目，以學費和招生方式最獲大專校院校長重視，比率各占6成6及5成8。落實大學自治，大幅鬆綁與簡化政策措施，校長們最重視的是學費鬆綁。教育部雖訂有學雜費調漲機制，但近十年能通過調漲的學校極少，且調漲幅度很低。絕大多數學校逾十年未調漲，但期間經過兩次教育人員調薪，加上近年物價指數不斷上漲，教師薪資逐年晉級調升、健保退撫支出日增，辦學成本逐年上揚，加上逐年增加的超額年金及少子化衝擊學雜費收入減少等，使得私校經營不易。學費凍漲不僅影響教學品質，亦影響教職員薪資待遇，甚至私校因而解僱教職員，又衍生諸多問題。政府適度鬆綁學雜費收費標準，允許依物價指數波動調整，調漲學雜費可部分挪至補貼經濟不利生。教育部則要求學校相關資訊務必公開，俾讓學生家長自由選擇欲就讀學校，如此政府只要制定合理的學雜費調漲機制，私校永續經營與否則交由市場決定。

(三) 捐款公私減稅一致

修改《所得稅法》第17、36、62條，使捐款公私減稅一致，提高私人或企業對私校捐贈意願，以解決私校董事會與學校團隊募款之困難

性。根據《所得稅法》第17條，無論個人或企業捐款予公立學校都不受金額限制，完全100%列舉扣除，但個人直接捐予私立學校總額僅為20%，企業為10%（第36條）；若透過私校興學基金會指定捐贈學校，則個人與企業分別提高至50%、25%。由此可知，個人或企業捐款公私減稅顯然差距甚大，非常不利私校籌措財源，因此建議修改《所得稅法》，使個人或企業捐款予私校與公立學校減稅額度相同。

(四) 補貼私校超額年金

　　人才培育無公私之分，但資源分配有公私之別，私校教職員所盡之義務與公校完全相同。現行《公教人員保險法》規定，私立學校不僅需提撥被保險人任職期間之超額年金，即便離職後直至被保險人死亡亦需持續負擔，甚而被保險人死亡其遺屬尚可繼續請領遺屬年金。《公教人員保險法》施行以來，私校面臨少子化、學費未能調漲等衝擊，辦學經費已是捉襟見肘，入不敷出，加上超額年金龐大負擔，各級私校實無法承受沉重負擔。私教工會呼籲，私校公保的年金之年資給付率應由1.3%改成1.55%，與勞保相同；超額年金由現行政府與私校各負擔50%，改由政府負擔65%，學校負擔35%（林稚雯，2019）。事實上，私校面臨教師超額年金逐年增加，隨著退休人數增加，每年各校增加數百萬元支出，勢必將成為壓垮財務的稻草，且水電物價上漲、學雜費收入減少、獎補助款再被扣，都是壓力，建議超額年金由政府吸收（吳柏軒，2020b）。因此，建議政府修訂《公教人員保險法》第20條之規定，超額年金統全由政府編列預算支付或提高政府支付比率。

(五) 公私立校同步減招

　　2020學年度大專校院一年級學生入學新生將僅剩21.7萬人，較2019學年度減少約2.4萬人，之後更將一路下滑至2028學年度的15.7萬人。少子化的後果不能僅由私校來承受，全國公私立高中職已實施多年同步

減招，公私立大專校院應共體時艱同步減招。面對少子化對大學招生衝擊，私立大學協進會與私立私大協進會呼籲教育部應儘早定案公私立校同步減招（林良齊，2019）。縱使兩大私校協進會不斷呼籲公私立校同步減招，但國立大專校院學生人數不僅沒有減少反而增加，主要原因是近年教育部不斷給國立學校外加名額，例如，教育部配合行政院「精進資通訊人才培育策略」，2020學年度起開放電機、資工、AI等相關科系申請至多一成外加名額來提升招生人數（潘乃欣，2020）。

再如，教育部宣布啓動爲期五年的高中職升學新制「願景計畫」，自2021學年度起，每年以外加方式招收1,000名經濟弱勢高中職生，就讀國立大學或國立科技大學的日間學士班（林曉雲，2020）。上述兩項政策加大衝擊私校之招生，對私校而言無疑是「雪上加霜」。在此建議教育部應推動公私立校同步減招，尤其國立大專校院不應再增外加名額，改以內含名額處理。

四、私立大專校院加速轉型創新發展

面對少子化衝擊，私立大專校院應強化學校辦學特色或轉型發展。在謀求學校永續經營方面，套用中央疾病管制署呼籲於疫情期間除戴口罩外，爲免於感染，勤洗手口訣：「內、外、夾、弓、大、立、腕（挽）」，提供下列建議：(1)內部共識形成特色；(2)外部績效獲得認同；(3)夾叉集思開源節流；(4)攻城掠地勤於耕耘；(5)大破大立創新轉型；(6)立意良善雪中送炭；(7)挽救弱勢教育產業。前五項爲私校內部應戮力達成，後兩項則有賴行政院及教育部建構良好的教育環境，並大力挽救補助因不可抗拒因素（生源大幅減少）但辦學認眞且遵守相關規定之私校。其次，現階段私立大專校院轉型創新發展的類型可歸納爲下列四種類型：

1. 向下扎根型：申辦幼兒園、小學、實驗學校、雙語學校。
2. 橫向延伸型：擴辦實習旅館、實習健照中心。
3. 異類結盟型：如南亞技術學院ROTC。

4.外部承接型：企業或宗教，如興國管理學院由中信金控入主後改名為中信金融管理學院，臺灣觀光學院、高鳳技術學院由一貫道接管後降下轉型為崇華中小學，再申請高中部，大華科技大學由企業入主後改名為敏實科技大學等。

以上類型可供私校轉型參考。最後，私校發展永續與否，董事會及學校領導階層扮演重要角色，應察知趨勢、納諫如流、雅量豁然、言語溝通，以形成校內校務經營與發展目標及方向的共識，進而贏得社會更加信任與肯定。

綜上所述，現今臺灣高等教育面臨「五缺」困境，尤其私立大專校院面臨少子化衝擊，導致生源不足、財務不佳及經營不易之危機愈形嚴峻。人才乃國家興衰之本，本固則國強。人才培育無公私之分，政府應同等善待公私立學校，期待政府對受到少子化衝擊的私校雪中送炭，積極提出紓困私校振興方案，而非僅處理私校停辦退場問題，如此則為私校之幸、教職員生之福。

參考文獻

吳柏軒。（2020a，10月6日）。私大校長會議轟學費凍漲損品質籲政府協助有尊嚴退場。自由時報。https://news.ltn.com.tw/news/life/breakingnews/3312850

吳柏軒。（2020b，3月16日）。中國科大校長唐彥博：發教育券助私校紓困。自由時報。https://talk.ltn.com.tw/article/paper/1359144

吳柏軒。（2020c，11月24日）。南華大學校長林聰明：證照法制化扭轉技職弱勢危機。自由時報。https://talk.ltn.com.tw/article/paper/1414552

全國法規資料庫（2020）。私立學校法。https://law.moj.gov.tw/LawClass/LawAll.aspx?pcode=h0020001

林良齊。（2018，1月18日）。賴揆喊加薪盼私校跟進校長：大學5缺錢哪來？聯合報。https://udn.com/news/story/6928/2936318

林良齊。（2019，1月10日）。大學校長會議私校籲公私校同步減招。聯合新聞網。https://udn.com/news/story/6885/3585474

林稚雯。（2019，1月29日）。私校教職員無保障陳學聖允協助修法。台灣醒報。https://udn.com/news/story/6885/3621025

林曉雲。（2020，9月22日）。國立大學「外加」招收弱勢生1年1000人。自由時報。https://news.ltn.com.tw/news/life/paper/1401166

張理國。（2020，11月18日）。民團有意見政院明仍審私校退場條例草案。中時新聞網。https://www.chinatimes.com/realtimenews/20201118005737-260407?chdtv

陳曼玲。（2018，3月）。私立科大協進會呼籲：退場私校部分財產回歸原財團法人。評鑑雙月刊，72。http://epaper.heeact.edu.tw/archive/2018/03/01/6924.aspx

潘乃欣。（2020，7月7日）。頂大AI系所生師比太高　資通訊外加名額看得到吃不到。聯合新聞網。https://udn.com/news/story/6925/4685162

潘韜宇。（2020，10月6日）。私大校長會議登場討論高教政策與發展困境。立報。https://www.limedia.tw/edu/14888/

聯合報系願景工程。（2017）。高等教育十字路。城邦印刷，8-11。

第十一章

臺灣師範校院之轉型與創新發展——以臺中教育大學為例

王如哲

國立臺中教育大學校長

一、前言

在1995年之前，臺灣師資培育由單一功能的三所師範大學專責中學師資，以及九所師範學院負責小學師資，具有獨特設計的課程與校園文化，有其非常成功的一面。但自1995年之後，臺灣改變原有師範教育的政策，一般大學也開始參與中小學師資培育工作，自此之後轉變了師資培育公費生制度，而改採儲備更多的中小學未來教師，並建立教師檢定、教師甄試，根據每年教師缺額，從中選出符合實際需要的教師人數。影響所及，臺灣師範校院面臨轉型之壓力與挑戰，然而危機也是轉機，甚至是發展契機，臺灣師範校院應該一方面將原有師資培育功能轉化為特色及利基；另一方面，順應培育專業人才與產業發展之國內外趨勢與潮流，以加強大學社會責任並進行創新發展。職此之故，本文以「臺灣師範校院之轉型與創新發展」為題進行探討及分析，內容分成五部分：(1)前言；(2)臺灣師資質與量之變化；(3)臺灣師範校院之轉型；(4)以臺中教育大學為例之創新發展；(5)結語。

二、臺灣師資質與量之變化

(一) 教師質與量

1. 生師比（學生數／教師數）

2008學年後，隨著國民小學學生人數逐漸減少，其生師比大致呈現逐年下降之情況。在國民中學方面，學生人數亦有逐年下滑之情形，在教師人數方面則是至2014學年後逐漸減少，其生師比大致上亦呈現逐年下滑之趨勢，有助於降低教師班級學生人數及其負擔並提升教學品質，詳如圖11-1所示。

2. 教師文憑與學歷

在教師文憑與學歷方面，1999學年時，擁有研究所學歷之國民小學教師人數和國民中學教師人數分別為4,083人與3,515人，分別占該學

年教師總人數4.1%與7.0%。隨著時間的演進，至2018學年時，擁有研究所學歷之國民小學教師人數與國民中學教師人數分別增加至55,898人與27,781人，分別占該學年之教師總人數58.4%與59.8%，擁有研究所學歷之國民小學與國民中學教師人數所占百分比呈現逐年上升之情形（如圖11-2所示）。

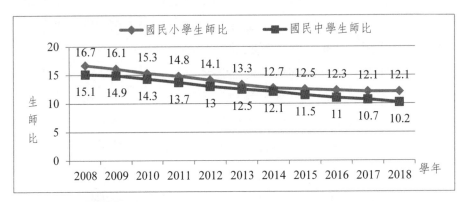

圖11-1　2008-2018學年國民小學與國民中學之生師比

資料來源：教育部統計處，2019。

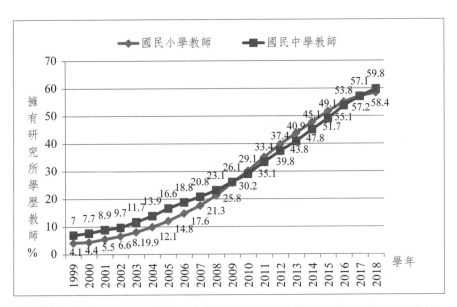

圖11-2　2008-2018學年擁有研究所學歷之國民小學與國民中學教師百分比

資料來源：教育部統計處，2019。

(二) 師資生質與量

　　師資生的人數亦從2004至2015年減少為原來的62%。1995至2017學年度師資生人數變化情形如圖11-3。

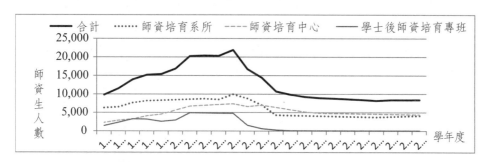

圖11-3　1995-2017學年度間師資生招生數量情形

資料來源：教育部，2019。

　　前已述及，1995年之後轉變了師資培育公費生制度，而改採儲備更多的中小學未來教師的制度，最近政府日愈重視偏鄉學校教師之培育，增加透過公費生培育，由各縣市提供偏鄉學校教師缺額，教育部則提供公費，學生畢業分發到偏鄉學校服務，頗能符合教育現職實際需要且深獲肯定。獲政府核定2019年公費生名額之大學名單如表11-1所示。

表11-1　2018年政府核定為卓越師培大學，具備招生2019年公費生名額之大學名單

學前	特殊教育	國小	中學
臺北市立大學	臺灣師範大學	臺北市立大學	臺灣師範大學
臺中教育大學	臺中教育大學	臺中教育大學	臺北大學
臺北教育大學	臺南大學	臺北教育大學	彰化師範大學
清華大學	彰化師範大學	清華大學	清華大學
東華大學	高雄師範大學	高雄師範大學	政治大學
			高雄師範大學
			中正大學

資料來源：教育部內部文件資料。

三、臺灣師範校院之轉型

　　1995年之前，臺灣師資培育採行公費生制度，由三所師範大學（含：臺灣師範大學、彰化師範大學、高雄師範大學）專責中學師資及9所師範學院（如表11-2）負責小學師資。1995年之後，臺灣的一般大學也開始參與中小學師資培育工作。師資培育課程可由師範大學／教育大學或其他大學開設。所有師資修畢中等、小學、學前或特殊教育任一師資培育課程後，取得該師資培育課程證書，之後必須參加教師資格檢定，其通過率大約50～60%。還有必須進入中等、小學、學前或特殊教育學校，進行為期六個月的實習。最後，具備上述資格之後，可取得正式資格教師並參加臺灣各縣市的學校聘任教師的甄試。接近2005年時，有75所師培大學開設師資培育課程。為確保師資培育課程品質，政府引進師資培育評鑑，成績不佳者則減其招生名額。在2016年時，師培大學減至52所。因應前述師資培育多元化之政策，原有之9所師範學院朝減少師資培育量轉型後之現狀如表11-2所示。

表11-2　9所師範學院轉型後之現狀

原有名稱	現有名稱	說明
臺北市立師範學院	臺北市立大學	與臺北市立體育學院合併
臺北師範學院	臺北教育大學	維持不變
新竹師範學院	清華大學	併入清華大學
臺中師範學院	臺中教育大學	維持不變
嘉義師範學院	嘉義大學	與嘉義技術學院合併
臺南師範學院	臺南大學	發展成綜合大學
屏東師範學院	屏東大學	與屏東技術學院合併
花蓮師範學院	東華大學	併入東華大學
臺東師範學院	臺東大學	發展成綜合大學

由上述發現，原有9所師範學院已轉型為維持原有名稱、自己發展成綜合大學、與其他學院合併成綜合大學，以及被併入其他一般大學共四種轉型型態並面對不同之挑戰。

四、以臺中教育大學為例之創新發展

臺中教育大學在前述四種轉型型態中，雖然維持原有名稱，但其師資生僅占4成左右，如何創新發展甚為重要。

(一) 臺中教育大學之公費碩士專班

臺灣自改採師資培育多元化政策以來，也浮現了一些問題，諸如較無法吸引優秀人才加入教師行列，原本師範校院肩負的地方教育輔導功能也出現弱化的現象，小學師資培育轉向由大學系所學術主導，也削弱了與小學職場需要包班制與廣博學科知識基礎教師的關聯性。所幸政府近年日愈重視偏鄉學校教師之培育，增加透過公費生培育，由各縣市提供偏鄉學校教師缺額，教育部則提供公費，學生畢業分發到偏鄉學校服務，頗能符合教育現職實際需要且深獲肯定，這代表一種公費生制度之創新發展，各縣市也樂意繼續提供教師名額，以利持續培養優質教師。目前公費師資培育係依《師資培育法》第14條第1項規定：「師資培育以自費為主，兼採公費及助學金方式實施，公費生畢業後，應至偏遠或特殊地區學校服務」規劃培育。培育方式區分為：(1)甄選應屆高中畢業生；(2)甄選大學畢業生或校內師資生等兩種方式辦理。其中甄選應屆高中畢業生又分為「個人申請入學」、「指考入學」、「離島地區及原住民籍高級中等學校應屆畢業生升學國（市）立師範及教育大學聯合保送甄試」等三種管道錄取。師資培育公費制度是為穩定偏遠地區師資方式之一，且師培大學可依各地方政府需求採客製化培育，另因《偏遠地區學校教育發展條例草案》第6條規定略以：「……得依偏遠地區學校師資需求，由中央主管機關會商地方主管機關提供公費名額或

設師資培育專班。」該條例通過後，依法積極會商各地方政府提供公費生名額，以充裕偏遠地區師資。以下分為臺灣公費生整體數量發展與臺中教育大學創新的公費碩士專班案例兩方面予以敘述。1994至2017學年臺灣師資培育公費生的類別與名額如表11-3所示。

表11-3　1994-2017學年師資培育公費生的類別與名額

學年	總計	師資生類別			
		一般	其他		
			合計	離島	原住民
1994	2,375	2,375	0	0	0
1995	2,428	2,375	53	14	39
1996	2,879	2,817	62	11	51
1997	2,844	2,780	64	13	51
1998	2,399	2,333	66	27	39
1999	1,948	1,893	55	5	50
2000	625	569	56	24	32
2001	1,020	944	76	29	47
2002	228	156	72	18	54
2003	149	86	63	24	39
2004	82	41	41	19	22
2005	119	57	62	31	31
2006	53	9	44	29	15
2007	38	16	22	18	4
2008	47	20	27	19	8
2009	52	29	23	15	8
2010	32	13	19	15	4
2011	56	25	31	21	10
2012	122	92	30	21	9
2013	220	185	35	18	17
2014	289	205	84	59	25

（續表11-3）

學年	總計	師資生類別				
		一般	其他			
			合計	離島	原住民	
2015	317	226	91	27	64	
2016	254	175	79	23	56	
2017	300	195	105	20	85	

資料來源：教育部，2018。

　　臺中教育大學教師專業碩士學位學程是臺灣唯一公費碩士專班。世界各國為求精進小學師資培育素質，陸續將小學師資培育提升至碩士層級，並強化小學師資生的包班學科教學知能以及教學實踐能力。值此之故，臺中教育大學乃在國內各師資培育大學之先，提出師資培育改革的新方案，希冀再次提升未來教師的素質，遂以精緻師資培育機制實驗計畫進行改革，第一期四年，自2010學年至2014學年實施，研究規劃碩士層級的師資培育新模式。本校順應此發展趨勢，以「秉持師範精神，發揮新教育愛」的目標，力求實現「優質化、專業化、精緻化」的國小師資培育制度，樹立師資培育新典範，引領師資培育革新，於2012年設立「教師專業碩士學位學程」，首屆招收30名公費生予以培育為教學碩士，目前已有三屆畢業生共120名於全國各地偏鄉小學服務，第四屆學生亦已畢業分發，並為偏鄉教育盡一份心力，2018年正招收第六屆學生入學。2014學年分發51名公費生，2015學年分發61名公費生，2016學年分發50名公費生，2017學年分發48名公費生，2018學年分發35名公費生，分發至各縣市之公費生名額詳如表11-4。

表11-4 2014-2018學年臺中教育大學教師專業發展碩士學位學程公費生分發縣市
一覽表

縣市	學年					
	103	104	105	106	107	總計
基隆市	0	1	0	0	0	1
臺北市	0	2	2	0	2	6
新北市	4	5	4	2	0	15
桃園市	3	2	2	2	2	11
新竹市	2	3	3	2	1	11
新竹縣	9	6	4	0	2	21
苗栗縣	3	5	2	4	2	16
臺中市	3	6	2	8	8	27
彰化縣	3	3	2	0	0	8
南投縣	5	0	4	7	5	21
雲林縣	4	3	3	2	0	12
嘉義市	5	8	0	0	1	14
嘉義縣	1	1	0	0	1	3
臺南市	1	5	7	15	2	30
高雄市	5	2	5	0	0	12
屏東縣	0	0	0	0	2	2
宜蘭縣	0	0	0	0	0	0
花蓮縣	0	3	4	6	6	19
臺東縣	1	3	2	0	0	6
連江縣	0	0	0	0	0	0
澎湖縣	2	3	4	0	1	10
金門縣	0	0	0	0	0	0
總計	51	61	50	48	35	245

資料來源：國立臺中教育大學內部文件資料。

(二) 臺中教育大學社會責任的在地實踐

大學將社會責任列爲校務發展重要項目已是全球趨勢。University World News（2020）指出，高等教育社會責任的興起（The rise of social responsibility in higher education）的發展趨勢如下：幾十年來，企業社會責任一直是商業世界中的重要特徵，隨著高等教育領導者爲了尋求永續發展，有很多大學已將企業社會責任納入其主要任務之一。目前在國際間已有大學社會責任網路（University Social Responsibility Network）作爲世界各國大學有關大學社會責任之交流與合作平台（USR Network, 2020）。

我國教育部爲強化大專校院與區域連結及合作，實踐大學社會責任，培育對在地發展能創造價值的大學生，自2017年啓動「大學社會責任實踐計畫」（University Social Responsibility，以下簡稱USR計畫），並於2018年連結「高教深耕計畫」，引導大學師生組成跨領域團隊，在區域發展扮演地方核心智庫角色，主動發掘在地需求，並透過在地優勢分工合作解決問題，帶動當地企業及社區文化的創新發展；藉由學習與參與的過程，也讓大學生感受到「被社區需要」，凝聚在地認同。經由教育部的推動，2018年已吸引116間大學、220件計畫投入大學社會責任的實踐，並逐漸受到社會各界的重視。教育部也委託專業團隊成立「大學社會責任推動中心」，陪伴及協助各大學落實USR計畫的目標及成效（教育部大學社會責任推動中心，2020）。

順應上述臺中教育大學社會責任的在地實踐代表另一項創新發展，茲分項敘述如下：

(一) 臺中教育大學之大學城規劃研究與推動

臺中教育大學推動「大學城」規劃研究，以帶動舊城再生。臺中教育大學從日治時期開始，經歷「師範學校」、「師專」、「師院」蛻變成今日的「中教大」，創校百年來，培育數萬名優良國小教師，現在

除了永續培育樹人，強化美感教育，更與市政府合作，推展大學城，帶動中區再生。臺中教育大學走過121個年頭，是中區培育國小師資的搖籃，中教大「打破有形的校園圍籬」，帶動城市再造。「透過大學城的興建，一方面讓學校周遭有好的發展，也可以帶動臺中市的發展。」日治時代，臺中師範學校肩負初等教育，國民政府接收後，改制成臺中師專、師院，2005年升格為教育大學。校訓強調涵養品格，發展多元能力，做一個傳道、授業、解惑的完全師者。「除了理論探討，非常強調實作。現在有個名言，『要給孩子不是揹不動的書包，而是帶得走的能力』，還有一句『我聽你說可能會記得，但是你教我做，我一輩子不會忘』。」其次，臺中教育大學的「臺灣膠彩畫之父」林之助，每幅創作都畫出對美的感動，進而奠定學校藝術、人文非常好的根基，現在更成為中區美感教育培訓基地，提升美學素養，亦即「就是希望將中學，包括國中、高中、高職的老師，都找來這裡培訓相關美感的教育」。

(二) 臺中教育大學三項大學社會責任之在地實踐

1. 結合跨領域專業投入地方學研究

臺中教育大學作為臺中地區高教醫校的一員，透過文化教育以「臺中學研究中心」為主軸，延伸出九項活動在本期將進行區域辨識，重現過去、挖掘現在、再造新物，藉以重新凝聚城市常民的社群意識，發掘其在地的生活價值。為達成本計畫的預期目標，將採取三個面向，九項具體方案（詳如圖11-4計畫架構圖所示）。計畫將推動大學城文化走讀，發展合作地區文化旅遊數位建構，轉化本校系所特色為社會教育能量，強化相關人才培育，從根本改善地區競爭實力，增加該地區的吸引力，從而帶來更多後續的文化與資源融入，是一種「透過專業與資源投入，促其自立與發展」的有效做法。其第一期部分成果如圖11-5所示。

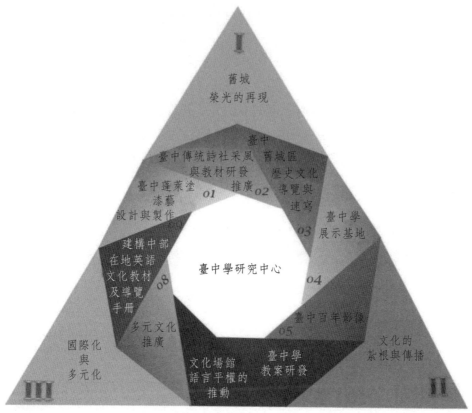

圖11-4　人文學院「人文共享‧城市想像──中教大『臺中學』之大學社會責任
實踐計畫」整體架構圖

資料來源：國立臺中教育大學內部文件資料。

圖11-5　人文學院「走讀臺中‧印刻影像──中教大文化城大學社會責任實踐計
畫」第一期成果（執行期程：2017.8.1～2018.3.31）

資料來源：國立臺中教育大學內部文件資料。

2.輔導偏鄉學校導入資訊科技教案與師資培育

先後由師培處、人文學院、理學院三個單位籌設成立「中部自造教育基地」及「自造教育中心」,並透過與臺中市多所偏鄉或特殊國中小學校建立長期的合作關係,逐步發展出「智慧自造」、「自造智慧」為主軸之數位整合互動課程模組教材。期以在地文化與特色為基礎,培植學生資訊素養,且能善用數位科技工具解決問題、體會家鄉之美,甚至啓發不同的美感學習經驗,培育新一代的在地數位小種子並持續成長茁壯(參見表11-5及圖11-6至圖11-8)。

表11-5   理學院「在地數位小種子手牽手培育計畫」合作學校

學校類別	學校名稱	所在地	發展特色
偏鄉	桐林國小	霧峰區	生態教育
	峰谷國小	霧峰區	防災教育
	光正國小	霧峰區	食農教育
特殊	惠明盲校	大雅區	視障美感教育
	華德福大地實驗教育學校	烏日區	在地認同

資料來源:國立臺中教育大學內部文件資料。

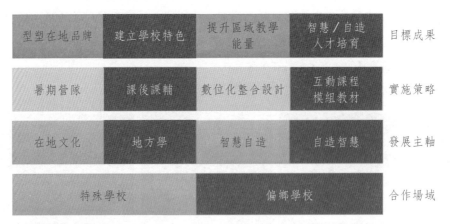

圖11-6   理學院「在地數位小種子手牽手培育計畫」計畫整體架構圖

資料來源:國立臺中教育大學內部文件資料。

圖11-7 理學院「在地數位小種子手牽手培育計畫」計畫涵蓋範圍

圖11-8 理學院「在地數位小種子手牽手培育計畫」剪影

　　有關成果有諸如數位內容科技學系盧詩韻老師帶領碩士班學生至華德福大地實驗中小學辦理「點亮我們的家鄉──Micro bit手作互動裝置藝術工作坊」（2018.6.09），以及「百工圖導覽──文創設計工作坊」（2018.06.10），將百工文化、紙雕藝術與程式設計作結合，帶入國小校園，運用大學的設備及資源，推動在地藝術與資訊教育向下扎根，培養國小學童的美感與創造力。兩日共計29人次參加。

3. 積極推動學術服務在地化及區域合作

　　透過產官學合作及技術發展、中區縣市教育輔導中心、中小學實驗教育合作、文化資產活動經營計畫、業內大學、大學城、中區美感教育大學基地學校、語文素養測驗平台、林之助畫室等，以大學城之構築與區域共榮發展為核心，漸次推廣至臺灣中部地區，使臺中教育大學成為

　　臺灣中部地區區域共榮發展之主要引領力量與合作夥伴，並使此合作模式成為高等教育與區域發展合作之楷模，使學術研究、產業鏈結、區域發展三者結合成為創新創意的新區域發展模式，符合高等教育引領與協助地方發展的灣區經濟學。圖11-9和圖11-10顯示臺中教育大學管理學院「社企加值舊城區再生——產學協作創新育成先期計畫」推動目標及其四項主軸工作。

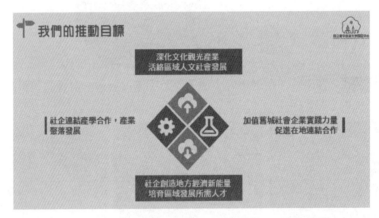

圖11-9　管理學院「社企加值舊城區再生——產學協作創新育成先期計畫」推動目標

資料來源：國立臺中教育大學內部文件資料。

圖11-10　管理學院「社企加值舊城區再生——產學協作創新育成先期計畫」四項主軸工作

資料來源：國立臺中教育大學內部文件資料。

五、結語

　　由於師資培育多元化之衝擊，臺灣師範校院確實面臨轉型之挑戰，前面以臺中教育大學為例的轉型與創新發展之敘述，顯示臺灣師範校院發展契機，以原有師資培育功能為利基，加上強化大學社會責任之創新發展，亦可以走出師範校院轉型發展之新方向。這可見諸於臺中教育大學今年剛獲得非常強調大學社會責任（USR）的2020《天下雜誌》天下公民獎公立一般中型大學組第五名，以及最近幾年臺中教育大學也有幾項非常顯著的辦學績效如下：(1)在招生方面表現出良好的績效，根據教育部首次公布的2017學年度的資料，成為前三所註冊率最高的公立一般大學；(2)已連續三年榮獲教育部核定為師資培育獎優學校；(3)教檢通過率近幾年平均超過85%，居於全國領先，教師甄試亦表現優異；(4)持續深化國際化，現有超過250所海外姊妹校並有交換師生的實質交流活動；(5)獲得2018年教育部品德教育特色學校殊榮；(6)榮獲行政院檔案局第十六屆機關檔案金檔獎；(7)榮獲教育部委託高等教育評鑑中心辦理校務評鑑全數通過，辦學績效獲致肯定；(8)本校榮獲教育部高教深耕計畫補助；(9)榮獲「2019學年度交通安全教育訪視」甲等佳績。

參考文獻

一、中文部分

教育部大學社會責任推動中心（2020）。http://usr.moe.gov.tw/

教育部（2018）。中華民國師資培育統計年報。https://ws.moe.edu.tw/001/Upload/8/rel
file/7805/61513/4682f82c-16c8-428d-b017-cff5bf8cf17a.pdf

教育部（2019）。教育部就師培公費生名額變化之說明。https://www.edu.tw/News_
Content.aspx?n=9E7AC85F1954DDA8&s=725830C659545E6B

教育部統計處（2019）。重要教育資訊統計。https://depart.moe.edu.tw/ED4500/cp.asp
x?n=002F646AFF7F5492&s=1EA96E4785E6838F#

二、英文部分

Bottani, N., & Tuijnman, A. (1995). Chapter 1 International Education Indicators: Frame-
work, Development and Interpretation (pp.21-34). In Centre for Educational Research
and Innovation (Ed.). *Making Education Count: Developing and Using International
Indicators*. Paris: Organization for Economic Cooperation and Development (OECD).

University World News. (2020). *The rise of social responsibility in higher education*. http://
www.universityworldnews.com/

USR Network. (2020). *About USRN*. http://www.usrnetwork.org

第十二章

私立大專校院財務預警
指標宜更淺白易懂

劉秀曦

國家教育研究院教育制度及政策研究中心副研究員

黃政傑

靜宜大學教育研究所終身榮譽教授

一、生源不足、教師減薪，臺灣私立大專校院經營進入寒冬期

臺灣少子化效應在2016年以後已正式延伸到高等教育階段，大一新生人數首度跌破30萬人，加上各校境外學生招生成效普遍不佳，無法彌補國內生源流失所造成的學費缺口，導致各大專校院陷入程度不一的經營困境。尤其是高度依賴學雜費收入來維持運作的私立大專校院，更是首當其衝，從2014年至2020年間，已有近10所學校走上轉型或退場之路，少數學校為求生存甚至開始鋌而走險，讓私校舞弊或違法事件時有所聞。在此情況下，媒體也競相以「高教崩壞」、「私立大學崩盤」、「大學無預警倒閉」、「揭露大學經營亂象」、「私校連環爆」或「積欠薪資／淘空校產」等聳動字眼來攻占版面博取關注，一時之間，臺灣部分被媒體點名的私立大專校院彷彿立於懸崖邊緣，不僅讓校內教職員工生人人自危，也讓社會各界興起一股政府應儘速協助經營不善大學轉型或退場的聲浪。

學校轉型或退場不僅對當地社區經濟成長和文化發展影響甚大，更重要者，則是可能損及校內學生的受教權和教職員工之工作權。因此，教育部對相關議題也是不敢輕忽，曾於2017年提出《私立大專校院轉型及退場條例》（草案），但由於各界對條例內容意見不一，致最後未能順利完成立法。其後，教育部又於2020年4月重新提出《私立高級中等以上學校退場條例》（草案），新法草案剛於2020年11月19日通過行政院審議，送立法院等待排入議程中。在前述法令通過前，教育部目前暫以《教育部輔導私立大專改善及停辦實施原則》為處理相關事項之依據。

由於學校經營者很少會主動承認學校出現經營危機，因此為避免因學校隱匿事實而損及師生權益，政府或民間平時就必須透過一些判斷標準來辨識哪些學校可能具有經營危機，必要時可以強制採取輔導改善或退場等介入策略。換言之，判斷標準或判斷指標可說是大學經營預警機制的核心要素，而財務指標又是各項指標中的最重要關鍵。基於此，本

文聚焦於對私立大專校院財務狀況判斷指標的討論，並以美國和日本的做法爲參照對象，期能作爲精進我國相關政策之參考與借鏡。

二、官方危機學校的財務預警指標對於一般大眾來說較難理解

如前所述，《教育部私立高級中等以上學校退場條例》（草案）刻正等候排入立法院討論議案中，因此，教育部暫時是根據2013年公布、2020年修正的《教育部輔導私立大專改善及停辦實施原則》來處理相關事項。就前揭原則的內容觀之，第1條爲施行目的之說明，第2條與第3條隨即列出辨識預警學校和專案輔導學校的判斷標準。由此可見，判斷指標的訂定確實是私立大學預警機制的首要之務。

再者，條文中無論是預警學校或專案輔導學校的判斷指標，均是將財務指標爲優先且數量占多數的項目。監察院（2018）調查報告也指出，已經退場的幾所學校其停辦緣由多爲招生不如預期、發生財務危機、積欠薪資與貸款導致影響校務運作等。換言之，財務良窳可說是學校永續經營之基石，若因資金不足而無法支付人事費與業務費等基本運作開銷，則學校很快就會陷入經營困境。

此外，基於外界對於大學資訊公開的訴求，教育部已於「大專校院校務資訊公開平台」中公布私立大專校院部分財務指標表現的數據資料，並分就學雜費收入變動率、現金流量比率、負債權益比率等八項財務指標列出各私立學校燈號，藉此讓外界更能掌握各校財務狀況。但就其內容觀之，可發現仍存在幾個問題：(1)學校在這八項財務指標上面的燈號顏色是根據各校數據高低排序後的一種相對比較，故無法告訴閱覽者，個別學校表現正常或反常的標準何在？(2)學校八項指標是分開比較，並未給予各指標權重值，將八項指標綜合成單一指標，俾利外界得以據此來判斷各校整體財務表現。(3)目前《教育部輔導私立大專改善及停辦實施原則》用來判斷預警學校和專輔學校的指標和「大專校院校務資訊公開平台」公布的指標不盡相同，外界無法從後者公開資料來

判斷學校是否為預警學校和專輔學校。換言之，「大專校院校務資訊公開平台」雖已公開部分財務指標資料，但能夠發揮的作用仍然有限。

　　另也有部分學者表示，學校目前依規定在網頁上公開的財務訊息對於非財務或會計背景的一般大眾來說不易理解，例如：「對於大專院校而言，負債權益比率多少才算是正常？」因此根本無法透過這些財務訊息來避開辦學或財務不佳的大學，也無助於家長選校決策的判斷（伍芬婕，2017）。在此情況下，「全校學生人數不滿3,000人」與「近兩年新生註冊率未達六成」等指標因為具有爭議性，已在2020年修正後的《教育部輔導私立大專改善及停辦實施原則》被刪除；但因為這兩個指標淺顯易懂又具有現成資料，故迄今仍是部分媒體偏好使用的危機學校辨識指標（潘乃欣等，2019；謝明彧，2019）。

　　然而，財務指標或財務比率是否一定要具有會計或財務專業背景者才能解讀？是否有辦法讓財務指標化繁為簡、讓數據資料的呈現更具可理解性，藉此提高其應用價值？針對這些問題，美國和日本的做法或可提供我們作為參考和借鏡。

三、如何提高財務預警指標的可理解性和應用價值？美國和日本做法之說明

　　私校經營不善、甚至退場的問題並非我國所獨有，1980年代以來，隨著高等教育的大眾化與市場化，先進國家也出現境內高等教育機構數量迅速擴充，以及政府不斷放鬆對私立學校的管制等情形，最後難免讓私校辦學品質出現良莠不齊的現象，經營不善者自然也會面臨退場一途。由於美國、日本和我國一樣在高等教育階段都是私立學校占多數的國家（美國62%，日本79%，臺灣68%），也比我國更早出現私校退場情況，故下文以美國和日本為參照對象，就其官方或民間用來辨識經營危機學校的指標進行梳理。

　　首先就美國的情況觀之，近年美國非營利型私立大學合併和退場事件層出不窮，主要都是肇因於學生人數減少與財務狀況不佳所致。

Moody's投資者服務公司（Moody's Investor Service）也指出，美國至少有四分之一的私立大學處於虧損狀態；至於公立大學，儘管狀況較私立學校好一點，但多數學校在過去三年中也出現了收支短絀現象（Selingo, 2018）。

　　然而和其他國家最大的差異處，在於美國高等教育機構很早就以一種類似企業經營的型態在運作，而政府爲了保障教育消費者（包括學生、家長、企業、政府，以及社會大眾）的權益，向來十分重視大學校務和財務資訊的公開透明。但和我國不同，美國聯邦政府並非自行公布各校在財務指標上的表現，而是透過建立完備的高等教育資料庫，蒐集各校校務和財務資料後予以公開。詳言之，聯邦教育部所轄之國家教育統計中心（National Center for Education Statistics, NCES）擁有相當多的資料庫，其中高等教育綜合資料系統（Integrated Postsecondary Education Data System, IPEDS）定期蒐集各校校務資料，不僅提供聯邦教育部作爲決策依據，亦開放大學評鑑或學術研究等加值運用。由於大學校務與財務資料取得容易，故各種以政府部門公開資料爲基礎所進行的私校財務狀況分析結果也非常豐富。

　　基於此，除了政府機構決策需求之外，每年都有不少民間智庫或傳播媒體會主動公布大學財務狀況之檢測報告，藉此協助社會大眾了解私立大學校院經營內幕。目前社會大眾至少可透過表12-1所列三個管道來了解美國大學財務狀況。值得一提的是，爲有助於教育服務的消費者很快能掌握各校之間財務優劣情形，三種資訊來源管道最後都將各指標合併爲一個綜合分數，方便讀者進行跨校比較與決策判斷。

表12-1　美國私立大專校院財務狀況訊息來源管道

專責單位	指標項目	目的／用途
聯邦教育部	1. 主要準備金比率 2. 權益比率 3. 淨收益比率	將三項財務指標依不同權重合併爲一綜合分數，分數及格學校的學生才有資格申請聯邦教育部所提供的獎助學金和學生貸款計畫。

（續表12-1）

專責單位	指標項目	目的／用途
安侯建業 會計師事務所 （KPMG）	1. 主要準備金比率 2. 生存率 3. 淨資產報酬率 4. 淨營業收入率	以聯邦教育部所採用的指標為基礎進行調整，亦是合併為一綜合分數，目前已被美國各區域高等教育認可機構納入認可機制的一環。
Forbes雜誌 大學財務等級排名 （College Financial Grades Ranking）	1. 每生平均捐贈資產 2. 主要準備金比率 3. 財務活力率 4. 核心業務收益率 5. 學費占主要業務收入比率 6. 資產報酬率 7. 註冊率 8. 大一新生獲得學校補助比率 9. 每生教學支出	每年定期在雜誌中公布大學財務狀況排名，作為學生及其家長選校、慈善團體捐贈學校等決策的參考。

資料來源：整理自Federal Student Aid, 2019；KPMG, 2010；Forbes, 2019。

其次就日本的狀況而言，日本是亞洲最早出現少子化現象的國家，自1990年代以來，日本高等教育系統就已出現生源不足的隱憂。私立學校由於招生不足導致學雜費收入降低，加上日本經濟成長一直未見明顯起色，影響所及，政府對高教機構的補助也逐年下滑。在此同時，由於平成時代過度增設地方私立大學，就學人口的下滑和政府補助的稀釋讓這些地方學校愈來愈入不敷出，財務狀況險峻（駐日本代表處教育組，2015）。為處理私校的問題，日本文部科學省（即我國教育部）早於1998年成立「日本私立學校振興共濟事業團」，該機構的任務之一即為針對私立學校之財務狀況建立預警機制，藉此提高其日後重整之可能性，並達到有效預防及避免私立學校破產之目的。

私立學校振興共濟事業團於2007年發展出「私立大學經營判斷指標」，用來作為篩選可能存在經營危機的學校俾及早採取干預手段。考量到私立學校經營困難及破產通常源自於營運資金的短缺，事業團將經營判斷指標側重於與學校現金流量有關的指標，亦即根據教學和研究活

動產生之現金流量來劃分各校財務健康狀態。該機構推行的判斷指標推出迄今已歷經數次修訂，目前最新版本為2015年（平成27年）版，共分為八項財務指標（日本私立学校振興・共済事業団，2017），其內容整理如表12-2所示。

表12-2　日本文部科學省所使用之私立大學經營判斷指標

專責單位	指標項目	用途／目的
文部科學省、私立學校振興・共済事業團	1. 教學研究活動現金流量 2. 債務和運用資產比較 3. 外部債務償還年限 4. 資金短缺年數 5. 預收款持有率 6. 業務收支餘額 7. 淨營業收益率 8. 準備金比率	提高學校法人危機意識，並加速經營方針的改革。

資料來源：整理自日本私立学校振興・共済事業団，2017。

　　根據各校在八個財務指標上的表現，日本政府再將私立學校的經營狀態區分為正常運作、即將發生困難、經營困難，以及自立再生極度困難四種類型。文部科學省指出，訂定財務預警指標並將學校財務進行分類的主要目的，在於透過更嚴謹的態度來提高虧損日漸擴大之學校法人的危機意識，並提早發現學校經營危機和協助提出因應對策。在後續處置方面，則是由文部科學省和私立學校振興共濟事業團進行任務分工，依照學校所處之不同狀態協助其改善（日本私立学校振興・共済事業団，2017）。對於落入經營困難範圍的學校，文部科學省將會委託專家至該校實施各項協助改善程序，若有學校不配合者，可能會被強制要求停止招生或解散法人等干預手段（駐大阪辦事處，2018）。

四、強化大學資訊公開可提高學校危機意識，並有助於外界共同參與大學治理

綜合前述討論發現，財務指標雖非判斷大學經營狀況的唯一因素，但絕對也是關鍵要素，受到大學退場影響的不光是學生和教職員工，還包括社區地方人士，而且一旦大學出現無預警退場，對政府監管能力也是一種警訊。因此，若能將目前略具專業性且資訊不夠公開透明的財務指標，逐步轉化為更簡明易懂且外界可以自行計算的財務指標，一方面讓大學經營者能隨時掌控自己的財務狀況，提高其危機意識；另方面也讓社會大眾透過學校在財務指標上的表現，共同監督學校運作情形。且由美國和日本做法可得知，用來辨識危機學校所採用的指標在精不在多，美國聯邦教育部和財務管理顧問公司所使用的指標數量都在三至五個之間，日本文部科學省也只有採用八個指標而已。

基於此，本文建議臺灣教育主管機關也能參酌日本或美國的做法，邀請專家學者共同討論並擷取幾個關鍵財務指標，作為辨識私立大專校院經營狀況之預警指標。其後再據此對學校財務狀況進行分類，俾能針對不同類型學校採取必要的協助改善或輔導退場等措施。值得強調的是，對私立學校財務狀況的檢視不應等到學校已經出現財務危機的時候才開始，而應學習美國和日本經驗成為一種類似定期健康檢查的例行性工作，以達成防微杜漸的目標。最重要者，則是學校財務資訊的公開應儘量以學生家長或社會大眾看得懂的方式為原則，藉此落實私立學校治理中所強調之高等教育利害關係人共同參與的精神。

參考文獻

一、中文部分

日本私立学校振興・共済事業団（2017）。**私学の経営分析と経営改善計画**。https://www.shigaku.go.jp/files/tebiki1-29_4.pdf

伍芬婕（2017）。高教又崩又潰？最新指標讓危險大學曝光。天下雜誌，**639**。https://www.cw.com.tw/article/5087208

監察院（2018）。**監察院調查報告（107教調0050）**。https://www.cy.gov.tw/CyBsBox.aspx?n=133&CSN=1&_Query=23c1c71e-dde0-&page=35&PageSize=20

潘乃欣、徐如宜、卜敏正、魯永明、吳淑玲、魏翊庭（2019）。瀕臨淹水線！6校註冊率不到6成。**聯合新聞網**。https://udn.com/news/story/6928/4253828

駐大阪辦事處（2018）。日本訂定2019年度「私立大學退場機制」。**教育部電子報，832**。https://epaper.edu.tw/windows.aspx?windows_sn=21532

駐日本代表處教育組（2015）。日本各地大學陸續回歸到都會中心。**教育部電子報，650**。https://epaper.edu.tw/windows.aspx?windows_sn=13447

謝明彧（2019）。從三大指標看高教崩壞 40所大學明年恐退場？遠見。https://www.gvm.com.tw/article/69031

二、英文部分

Federal Student Aid. (2019). *Financial responsibility composite scores*. https://studentaid.gov/data-center/school/composite-scores

Forbes (2019). *Dawn of the dead: For hundreds of the nation's private colleges, it's merge or perish*. https://www.forbes.com/sites/schifrin/2019/11/27/dawn-of-the-dead-for-hundreds-of-the-nations-private-colleges-its-merge-or-perish/#65af4f25770d

KPMG (2010). *Strategic financial analysis for higher education identifying, measuring & reporting financial risks*. https://emp.nacubo.org/wp-content/uploads/2017/10/NSS_Handbook.pdf

Selingo, J. J. (2018). *Despite strong economy, worrying financial signs for higher education*. https://www.washingtonpost.com/news/grade-point/wp/2018/08/03/despite-strong-economy-worrying-financial-signs-for-higher-education/?noredirect=on

第十三章

臺灣高等教育觀自在？
教育體制總其成：大教學區
教育體制構想

何慧群
國立臺中教育大學教育系退休教師
Duc-Hieu Pham
Educational Information and Measurement, Center for Educational
Testing and Quality Assurance, Viet Nam
姜秀傑
國立聯合大學工業設計系助理教授
范振德
嶺東科技大學觀光與休閒管理系助理教授
永井正武
日本帝京大學理工學部退休教授

一、前言

　　二十一世紀初是多事之秋。2006年《不願面對的眞相》（An Inconvenient Truth）與2017年《不願面對的眞相2》（An Inconvenient Sequel: Truth to Power），先後揭示棘手至極的全球暖化問題。面對地球極地暖化日益嚴重，仍可見美國前總統Trump氣候變化否定說、廢核燃煤主張。2019年末COVID-19疫情傳播到今日變種，主張節制、責任與義務一方對峙力倡尊重、權利與自由一方，雙方相背而行的思維和行徑，耗損生命、專業倫理與醫療照顧品質。2020年美國總統選舉，聚量化民粹政治、經濟鐵鏽區，透過民主選舉投票擺脫貧窮宿命與爭取就業機會的政治話語權。

　　面對生態浩劫與全球經濟發展失衡，不論是獨善其身、各自爲政、零和博奕，抑或是80/20法則或藍／紅海策略，似無以脫困於此自然與人爲浩劫網絡。梳理與維護人類生存、文明與生態環境之利害與共關係刻不容緩，集意志、價值與行爲之全（comprehensive）思維則是解決混沌複雜問題之道。

　　「殷鑑不遠，在夏後之世。」臺灣少子化趨勢、教育人力過剩、教育經費短缺、校舍空間閒置等現象，各級各類學校退場、停辦或轉型議題（issue）浮上檯面。教育部評選全國百大特色學校「措施」，不無模糊學校行政動起來與學習規模伴隨教育品質之多維專業之虞。少子化是發展中社會常態，國內高教市場崩壞絕非空穴來風。2020年4月教育部預告《私立高級中等以上學校退場條例》（草案），預示學校退場、停辦與轉型箭在弦上之態勢。「九層之臺，起於累土」，重於有始有終；「爲山九仞，功虧一簣」，忌諱虎頭蛇尾。教育貴於扎根基礎與環節相繫一以貫之。

　　綜觀COVID-19後疫情全球經濟客觀變異與國內教育主觀困境，宜以整體性與回饋性思維構建大教學區教育體制，以connected between how and for why勿忘初衷旨趣補強昔日what-based取向之how功能思維；其次，宜責負高等教育機構成爲未來國民教育引領者（何慧群、永井正武，2013）。

二、未來教育

綜觀經濟發展，始於創造價值、賺取利潤、累積資本到提升技術與促進成長，其中，技術創新與產業升級是經濟持續擴張之鑰。二十世紀中葉，科技創新成就全球經濟繁榮的一頁；二十一世紀，人力資源成為國家競爭力的關鍵要素，扎根國民教育、確保國民素質與提升高教品質是國家發展共識。

教育多維發展，縱軸向度分為本質與階段功能，橫軸向度包括內容性與發展性。其中，發展性廣度與難度繫於學習者資質、興趣／性向與態度。除此之外，教育變革如師資培育多元化、專業精進與評鑑、教學科技與範式更迭（何慧群等，2020）。

未來，社會叢林法則與價值理性對峙：(1)生態浩劫與自然資源耗竭；(2)全球經濟發展呈現不平衡與區域壁壘化；(3)「一球多制」（One World and Multi Systems）與創意知識經濟範式。臺灣基於地緣政治、資源與教育供需侷限，發展集價值與精實之生存與生產教育是根本大計。

(一) 永續經營

二戰後，科技、資本與教育推動經濟快速成長，1980年代，中國大陸與印度人口大國加入世界市場，世界經濟從此進入全球化時代。1994年聯合國大會通過《聯合國氣候變遷綱要公約》（UNFCCC），1997年簽訂《京都議定書》（Kyoto Protocol），2015年簽訂《巴黎協議》（Paris Agreement），氣候變遷、全球暖化與溫室氣體排放等成為經濟發展中亟待解決的問題。

「育才、傳承、創新」，微觀見教育旨趣，薪火相傳，並且期許「青出於藍，勝於藍」；宏觀涵蓋個人成長、社會與國家發展永續經營藍圖。今日，面對生態環境持續惡化、社會問題陸續浮上檯面，如分配不均、二次就業、種族歧視、弱勢族群等，因此，教育理念變革勢在必

行，即由人—己本位擴展為群—己、環境—己取向，揭示集共生、共享與共守的價值認知教育。

綜上，在文明推進下，社會定格：(1)追求新的生活樣貌與生活水準；(2)經歷社會資源迅速集中與受支配；(3)競爭換取／創造繁榮富庶。

在科學進步下，全球變化：(1)人跨入外太空；(2)自然資源耗竭；(3)生態變化異常。因此，在民主政治與集／極權政治、市場經濟與中國特色社會主義經濟中，永續經營繫於集人存在條件、自然與改造的社會之教育洞見。

(二)沒有學生落後（No Students left Behind）

1968年，我國實施九年國民義務教育；1994年，教改遊行提出「廣設高中大學、小班小校、教育現代化、訂定教育基本法」，教育部責令大學校院轉型與籌設。2001學年，大專校院總校數為127所，2010學年增加為148所（教育部，2011），2014年實施十二年國民基本教育。

有鑑於高教定位為大眾教育，2008年，高教以7.69分紀錄創入學成績新低，105校系招生不足，缺額為4,788名，其中3校招生不到20%，9系也僅招生1名。2011年，大學指考錄取率90.4%，個位數分數錄取情形不復見，此低分錄取歸因於廣設大學與少子化趨勢。

「物競天擇，優勝劣敗。」正視自然界中叢林法則、人為認知零和博弈，以及「窮則獨善其身，達則兼濟天下」，三者價值疏離。教育是個人時間與社會物力的投資，總資產報酬率影響個人與國家競爭力，自食其力，就業技術與同舟共濟認知是教育亟待發展的軟硬實力。

(三)科技素養

2019至2020年，中美由貿易戰到科技創新爭奪，全球變革、變化

伺機以動：(1)去全球化、產業斷鏈；(2)「一球兩制」（One World, Two Systems）；(3)新視界：硬體與軟體整合、AI加上5G、虛擬經濟灌入實體經濟。其中，「去全球化、產業斷鏈」凸顯：(1)利潤極大化之市場經濟體制潛藏弊端；(2)生產製造鏈上涵蓋可見技術硬實力與不可見理論軟實力；(3)新興資通訊科技發展、創意知識經濟立基於源源不絕之高階人力資源。

　　臺灣是一自然資源貧乏的島國，豐富的人力資源是成就臺灣經驗的因素之一。2019學年度起，逐年實施十二年國民基本教育，旨在持續正視與推進2,300萬人的教育。二十一世紀是創新與知識經濟的時代、創意與腦力的創價時代，相關「知識產業」（knowledge-producing in-dustries）涵蓋教育、研發、傳播媒體、資訊設備與服務等（Machlup, 1962），其中：(1)教育提升人力素質；(2)研發帶動創新；(3)資訊科技與服務催生競爭。

　　可見未來，臺灣何去何從，臺灣經驗是利基續航，抑或順勢擘劃臺灣新樣貌。「一球兩制」涵蓋由智能思維到強權政經發展藍圖：(1)自給自足：滿足生存需求與確保生活品質；(2)市場爭奪：增益財富與厚實資源；(3)勢力範圍：掌控無形話語權與支配有形政治版圖。職此之故，「以小事大」、「以小博大」思維不無商榷之虞，相反的，臺灣人力資源戰略，一則發展現代性與傳統性多元科技素養，二則厚實多層級技術職能。

　　綜合上述，運用工學模式ISM（Interpretive Structural Modeling）（Warfield, 1973）、MSM（Matrix based Interpretative Structural Modeling）（Nagai & Tsai, 2013）與Petri Net理論（Petri, 1962），就世紀初全球境遇與教育旨趣進行結構表徵，據以提供：(1)相關要素關聯結構及其變化（見圖13-1、圖13-2、圖13-3）；(2)要素關聯結構回饋性（見圖13-4）；(3)思維論述與公評交流平台，其中，(1)與(2)差異，後者呈現教育生態可回饋性。

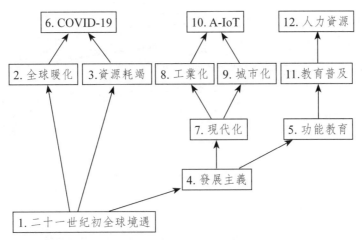

圖13-1　二十一世紀初全球境遇要素結構／ISM結構圖

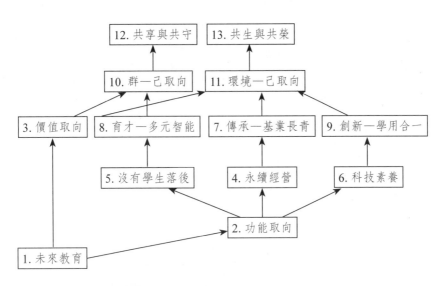

圖13-2　未來教育要素結構／ISM結構圖

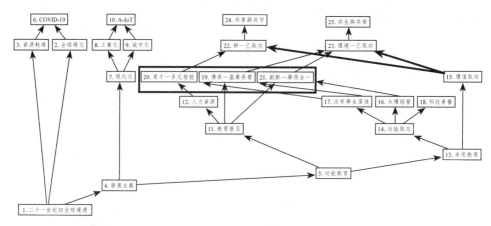

圖13-3　二十一世紀未來教育系統關聯結構／MSM結構圖

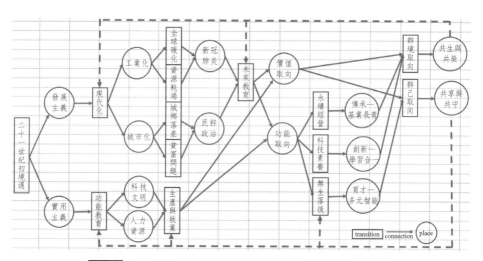

圖13-4　二十一世紀未來教育要素關聯Petri Net流程圖

三、大教學區教育體制構想

　　臺灣經濟發展里程碑：(1)1970年代末成為東亞四小龍之一；(2)1980年代成為科技產業重鎮；(3)1997年進入先進經濟體之列（孫震，2019）。二十一世紀，「臺灣經驗」如何與何以再次發光發熱，

政治、經濟與教育是關鍵。

　　教育體系屬細部的社會工程，教育成就非一蹴可幾。可見未來教育全體系運作旨趣：(1)銜接資通訊取向現代性與全球化變革趨勢；(2)滿足社會多元需求與國際競爭生存力；(3)兼顧教育本質與教育功能性發展。

　　在高教普及化、沒有落後學生與極大化資源效益框架，構建教育共同體，大教學區提案運作：(1)以高教為中心之全教育體制；(2)後期中等教育之跨校際師資、物資流用；(3)扎根與檢測國教基本能力；(4)落實與檢證國教特教。

(一) 大教學區

　　臺灣高教體制變革可溯源於1994年之410教改大遊行提出「廣設高中大學」訴求，教育部於1995年公布「第二條教育國道」政策，一則暢通技職教育管道，二則催生私立專科學校升格為技術學院。其次，至2010學年度，高教在數量上增為148所。值得一提的是：(1)除臺大、成大、政大與中正規模超過1萬人外，其餘屬中小型學校；(2)公私立高校比例1：2；(3)衍生問題如經費稀釋、學位膨脹、招生困難、素質下降等。

　　依據國家發展委員會人口推估（2020），在少子化與高齡化趨勢下，人口呈現自然減少。2020年，出生數預估為16萬至17萬人；2040年，出生數將降為12萬人；至2070年，則續降至8萬人。其次，依據行政院經建會人力規劃處推估（2010），未來二十年，進入國小、國中與大學入學之6歲、12歲與18歲人數將較目前分別減少5.3萬人（23.9%）、9.6萬人（36.1%）與13.6萬人（42.8%），以大學入學年齡人口減少最快。

　　綜上，面對出生人數與就學生源遞減，教育資源勢必整合與重新規劃。其次，在資通訊科技發展與全球化競爭氛圍，高教變革、創新與特色經營、功能立意與績效機制已為必然手段。因此，以高教為核心構建

所謂大教學區：(1)類型與認證——高教分研究、教學與專業型；(2)高教根基——研究、教學—研究、專業—研究構建高教三軌；(3)扎根國教——責負教學與專業型高教，透過虛擬與實體扎根全國15學區與引領十二年國教施行。

(二) 後期中等教育

後期中等教育對象是15/6～18/9歲青年，施行「學生為本」、「學力為主」與「生涯規劃」的教育，學制計有普高、綜高、高職、五專與就業，爾後，銜接研究、教學與專業型高教機構。後中教育核心能力發展涵蓋語文、數學、科學、數位，以及教養／美感素養基本能力。

基於後中學制多樣性，辦學多彈性。首先，就全國15學區進行橫向校際基礎、重點與特色發展分工；其次，校內橫向多樣化與縱向層級化規劃課程模組，以提供學術、專業、職業取向發展或就業準備學習；最後，依學區統籌規劃相關學習領域燈塔、專長與特色學校。

「求木之長，必固其根；欲流之遠，必浚其源。」課程設計兼顧學術與專業轉換與銜接，課程難度分基礎、進階、探究與榮譽課程（honors courses）。以科學方式思考人文，人文視野思辨科技議題，涵養新課綱亟欲發展之跨域視界、溝通協調、富人文與科技根基素養。

(三) 九年國民義務教育

臺灣於1968年施行九年國民義務教育，奠定1970年代經濟發展所需之人力資源基礎。Thomas Friedman於2010年在演講中指出，臺灣沒有石油、煤、戰略金屬等天然資源，但有豐沛的腦力資源。時至今日，在多項國際學科能力評比，臺灣中小學成就表現有目共睹。

近年，在全球政經利益關係中，貧富與城鄉差距漸次成為不可忽視的現象。基於教育是個人發展、社會進步、國家永續的基礎，「文化不利」或「資源貧乏」地區教育發展受到重視。在「教育機會均等」、

「社會公平正義」下推進的配套措施，教育成效不彰。

「為讓每一個孩子，不分貧富都有機會自我實現與成為可用、有用的人」，歸納措施如下：(1)基礎教育——扎根數理、科技與多元文化素養基礎；(2)人格與實踐力——落實骨氣與爭氣、自食其力與就業技術教育；(3)基本學力檢測——施行三、五與七年級學力測驗。

(四) 國教特教資源

當全球在市場經濟、自然環境與摩爾定律（Friedman, 2016）交互作用下，世界變動既大且快速，刹那中不見永恆，而永恆成刹那碎片，一時大意不察，立見煮蛙效應。人類社會文明歷經歐美選舉，民粹／民族意識是可見行為舉止，生存抗爭／焦慮則是不可見本能反應。

對生存賴以的自然與人為資源，不論是智取、詐取，抑或管理，可見未來，主西方本位主義，倡東方共生意識，兩者或不敵良性「競爭、競合」價值認知。其次，教育是資產或債務，教育旨趣與工具利益孰輕孰重，特殊教育是檢視人本理念程度之教育專業與實踐智慧場域。

特殊教育意指對因先天身心理限制／不全者，以專業之能試探與挖掘其殘存潛能，冀以確保生存與延續生命。「兄弟登山、各憑本事」，面對全球競逐態勢，責負健全者、先天不全者自力更生，勢在必行；其次，對社會支援可遇不可求，特教資源挹注務必正視其結果與報酬。

同上，運用Petri Net理論就大教學區教育體制提案與關鍵績效指標（Key Performance Indicators, KPI）相關要素進行流程圖表徵（見圖13-5），據以提供：(1)九年一貫國教與六年完全中學，前者實際上包含兩體系，相較而言，後者齊一為青少年，認知、情意與技能發展相關；(2)Petri Net流程圖前進與回饋提供教育績效指標可管理性；(3)構建教育生態系認知，一則落實教育銜接性與發展性，二則型塑區域教育共同體。

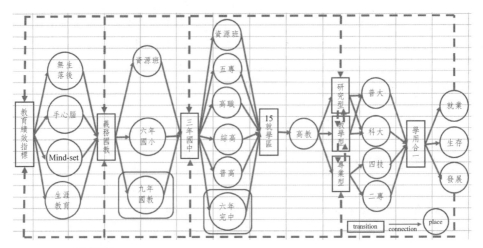

圖13-5　大教學區教育體制與關鍵績效指標Petri Net流程圖

四、結語

　　有鑑於科技發展程度決定國家經濟產值及其興衰，上世紀強權者如西歐、北美與東亞日本。近年，美中貿易戰、科技戰凸顯：(1)科技研發賴持續性推進；(2)技術進步即時（或及時）啓動產業升級；(3)工作機會與生存保障相輔相成；(4)人均產值與所得取得政治話語權；(5)結構學派與市場經濟資本主義辯證。更甚者，有謂「一球兩制」（一個地球，二元強權制度）儼然成形。

　　臺灣社會發展，歷經農村土地與幣制改革、美國援助計畫，以及國家層級經濟與產業政策，據以：一則落實技術官僚體制，二則開啓工業化建設，第三推動臺灣經驗成果。其次，「教育即投資」，教育發展不遺餘力，1968年實施九年國民義務教育，促進國民教育普及化；2014年實施十二年國民基本教育，以提供多元與適性發展、提升國家競爭力，以及符應國際教育潮流。

　　今日，若處於「事如麻，理多錯」困境，前有氣候變遷、生態浩劫、替代能源發展，近有COVID-19肆虐、全球經濟衰退、分配與貧富

差距，以及永續發展瓶頸。不論是問題解決或藍圖擘劃，各自為政與零和博奕不足取，相反的，系統性與聚合性思維誠屬必要。因應學生減少趨勢與極大化物資之能，構建大教學區教育模式，據以責負高教去自在觀，總領教育體制發展之益。

最後，臺灣此波教育衝擊，不論是各層級學校卯足全力打拚，抑或最適者「再生」，未見國家層級教育未來架構，本文大教學區教育體制構想旨趣在於：(1)緩解各層級學校自掃門前雪困境；(2)正視少子化不可逆趨勢與教育經濟學現實性，化被動為主動，進行國家層級整體與整合性教育規劃；(3)落實學用合一、大手拉小手、深耕基礎，型塑區域教育共同體與「全」教育生態系。

參考文獻

一、中文部分

行政院經濟建設委員會人力規劃處（2010）。2010年至2060年臺灣人口推計。https://iknow.stpi.narl.org.tw/Post/Files/policy/2012/policy_12_017_1.pdf

何慧群、永井正武（2013）。臺灣十二年國民基本教育體制研究──對照美國、德國、法國國民教育體制。香港教師中心學報，**12**，151-168。

何慧群、姜秀傑、范振德、Duc-Hieu Pham、永井正武（2020）。翻轉教室與學習參與。臺灣教育雙月刊，**725**，9-21。

孫震（2019）。儒家思想在21世紀。遠見天下文化。

教育部（2011）。中華民國教育年報電子書（100年版）。
https://www.naer.edu.tw/files/15-1000-7866,c1310-1.php

教育部（2016）。高級中學法。https://law.moj.gov.tw/LawClass/LawAll.aspx?pcode=H0060001

國家發展委員會（2020）。中華民國人口推估（2020至2070年）。https://pop-proj.ndc.gov.tw/download.aspx?uid=70&pid=70

二、英文部分

Friedman, T. L. (2016). *Thank you for being late-An optimist's guide to thriving in the age of accelerations.* Farrar, Straus & Giroux.

Machlup, F. (1962). *The production and distribution of knowledge in the United States.* Princeton University Press.

Nagai, M., & Tsai, C. P. (2013). Matrix based Interpretative Structural Modeling. *International Journal of Kansei Information, 4*(3), 159-174.

Petri, C. A. (1962). *Kommunikation mit Automaten.* Schriften des Institutes für instrumentelle Mathematik. Ph.D. Dissertation, University of Bonn, Germany.

Warfield, J. N. (1973). On arranging elements of a hierarchy in graphic form. *IEEE Transactions on Systems, Man, and Cybernetics, SMC-3*(2), 121-132.

第十四章

大學轉型，怎麼轉才行？

王則閔

國立臺南大學教育系博士生

一、少子化的海嘯襲來

109學年因蛇年效應，較107學年減少3萬多位大學1年級學生（教育部，2019），教育部推估至124學年大學學生1年級學生預測數為18.1萬人，全部大學生預測數為77.9萬人，等於是預計未來的16學年間，大學學生數平均年減1.5萬人（教育部，2020）。從2014年「屏東縣高鳳數位內容學院」至2019年「南榮科技大學」，六年內共有7所學校退場或轉型，尤其近兩年開始面臨到少子女化的海嘯衝擊，退場的速度愈來愈快。歸納近年退場私校的轉型現況如表14-1。

表14-1　退場私校的轉型現況（2014～2019年）

時間（年）	學校名稱（所在地）	發生因素	因應方式	備註
2014	高鳳數位內容學院（屏東縣）	學生數太少，學校負資產。	自行退場，轉型為「屏東縣私立崇華國民小學」。	少子化衝擊退場首例。
2014	永達技術學院（屏東縣）	因改善計畫書未通過審議遭到停招處分。同年8月正式宣布停辦。	自行退場。欲轉型為文教基金會，申請案件現由教育部審理。	
2015	興國管理學院（臺南市）	2014學年度註冊率過低，且師資不足，遭教育部勒令停招。	2015年獲中信金控捐資而重組更名為中信金融管理學院。	接受外部資源，成功轉型避開退場。
2015	康寧大學（臺南市）	2014學年度註冊率過低，列為退場輔導學校。	2015年與臺北的康寧醫護暨管理專科學校合併。	合併後總學生人數到達5,000人以上，這也是臺灣私校合併首例。
2018	高美醫護管理專科學校（高雄市）	2017學年度全校人數僅剩564人，且未提出高教深耕計畫申請。	2018學年度起停招，並在2020學年度自動退場。	預計轉型為長照機構。

（續表14-1）

時間 （年）	學校名稱 （所在地）	發生因素	因應方式	備註
2019	亞太創意技術學院（苗栗縣）	遲未函報停辦計畫，致使無法起算三年之期程，教育部因此依《私立學校法》命該校停辦	2018學年度起停招。	第一所被教育部命令停辦的大專。
2019	南榮科技大學（臺南市）	董事會未在7月底之前補足1億元的校務經費，教育部已勒令2019學年起全面停辦。	教育部2019年7月31日依《私立學校法》命令自2019學年度第二學期停辦。	

資料來源：整理自教育部公開資料，2020。

　　現今臺灣大專校院供過於求的現況必須有解決方向，轉型與退場是一種退無可退的解藥，但是以目前的退場條例與方案又無法獲得各方的認同，學校退場機制的角力仍在持續進行，大專校院必須先求生存。因此，大專校院的行政主管必須對學校的優劣勢要有認知，了解學校未來的走向，重新定位，規劃適合學校本身的發展策略。筆者試圖從服務學校的經驗，歸納幾項轉型的可能方向，目的在於提供面臨少子化浪潮已有覺醒的大專校院一些轉型的發展策略。「他山之石，可以攻錯」，期待各校皆能歸納與發展出自己獨特的競爭優勢，創造出藍海市場空間。

二、轉型是退場學校的唯一出路？

　　政府鼓勵面臨退場的學校可以透過轉型的方式維持生存，甚至提供50億的經費協助學校退場與轉型。教育部「私立大專校院轉型及退場條依據現行《私立學校法》第71條第1項規定「學校法人停辦後得變更其目的，改辦理其他教育、文化或社會福利事業」。也就是說，私立大

專校院若因招生不佳、就讀人數不足以支應學校營運成本的情況下，可以轉型為其他文教或社福事業，但轉型為文教或社福事業是否為退場學校的唯一出路？

　　影響退場學校是否接受退場與退場後發展的因素很多，但綜合歸納可分為學校是否願意繼續辦學，以及有沒有足夠的資源繼續辦學。王則閔（2020）統整上述7所經歷退場的學校，查看後續發展，總和歸納可以將這7所退場學校的後續發展依照學校資源，包含校地校產與財團資金挹注，以及學校本身是否願意繼續維持營運之意願，作為延續意願程度與資源強度兩個向度，區分為四個象限（參閱圖14-1），歸納7所退場學校的現況，分別代表「合併」（高意願、低資源）、「更名」（高意願、高資源）、「轉型」（低意願、高資源）與「退場」（低意願、低資源），整理如圖14-1。

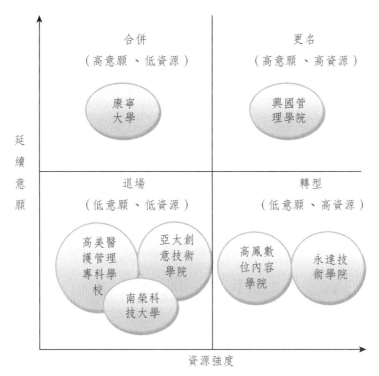

圖14-1　退場私校發展四象限

資料來源：整理自教育部公開資料，2020。

　　以上述7所學校來看，興國管理學院因具有繼續辦學的意願，在中信金控集團捐資的情況下，轉型為中信金融學院，維持高等教育功能。康寧大學在資源不足的情況下，與臺北的康寧醫護暨管理專科學校合併，資源集中整合運用，有效運用，發揮效益，強化生存力量。高鳳數位學院與永達技術學院，停辦後仍有為數不少的校產，雖已無辦理高教的意願，但仍可運用既有資源轉型辦理其他教育事業。高美醫護管理專科學校、亞太創意技術學院與南榮科技大學在無繼續辦理教育事業與資源不足的情況下，只能退出教育產業，朝其他方向如文教與社福產業繼續生存。

　　事實上，若將2014至2019年間退場學校的校址（參見圖14-2）進

圖14-2　退場私校校址分布

資料來源：整理自教育部公開資料，2020。

一步來看，高鳳數位內容學院（屏東縣長治鄉）、永達技術學院（屏東縣麟洛鄉）、興國管理學院（臺南市安南區）、康寧大學（臺北市內湖區）、高美醫護管理專科學校（高雄市美濃區）、亞太創意技術學院（苗栗縣頭份市）、南榮科技大學（臺南市鹽水區）。除康寧大學外，其餘學校校址皆位處偏僻，實難吸引企業進駐或是形成產業聚落。

　　7所學校中，只有高鳳數位內容學院與永達技術學院傾向轉型，前者成功轉型為雙語小學，後者則仍在掙扎，一下子要轉型為老人安養中心、身障庇護工場、原住民工藝坊等機構在內的社福園區，一下子要轉型為專科學校，但直到目前仍未有任何實質成果。7所學校有意願朝向轉型的只有2所，其中更只有1所轉型成功，是否應該思考轉型對於大學的誘因何在？抑或是與其等到面臨無法經營的窘境再來轉型，是否應該在未雨綢繆之際開始逐步進行？

三、轉型，怎麼轉才行？

　　如果把大學當作產品，學生看作顧客（當然不只有錢就能買到，還要分數），根據產品週期，1980年代以前學生（顧客）市場大，大學（產品）供不應求。2000年教改開放，大學（產品）進入成長期，但學生數（顧客）逐年下降；現在屬於成熟期進入衰退期，市場萎縮勢必衝擊產品需求。且學校缺乏差異化，若學校無法以特色吸引學生就讀，只能以低價（低入學分數）取勝時，除提高業內競爭壓力之外，也拉低整體高教市場品質。

　　日本學者大前研一（1984）定義競爭策略為，以策略優勢為思考核心而發展出來的策略。資源對於企業競爭優勢的貢獻準則有以下四項：稀少性、難以模仿、無法替代與價值性。根據資源基礎觀點建立一些用以判斷何種資源特質有助於建立大學競爭優勢的判斷準則。

　　資源是組織的利基，也是組織能力的主要來源。擁有的資源愈稀有，穩占市場能力愈強。Grant（1991）將資源分為財務性資源、實

體資源、人力資源、技術性資源、商譽及組織性資源。學校資源包含學費及政府補助收入（財務性資源）、校舍及教學研究設備（實體資源）、教師（人力資源）、研究產出（技術性資源）、學校形象（商譽），大學可依此五類資源進行競爭優勢的建立。

(一) 稀少性

除了學費收入與政府補助之外，學校應積極爭取競爭型計畫，尤其是政府標案。大學擁有良好的教學系統，目前政府大量釋放教育訓練案，培育各領域專才的計畫都是大學可積極爭取之項目。

(二) 難以模仿

實體資源的有效應用，將教學研究設備結合教師專長與學校人力資源，拓展出符應市場趨勢的功能性課程，精準辦學。另外，終身學習的趨勢來臨，強化推廣教育功能，提供在職進修管道，轉型為終身學習大學。最後，透過境外辦學或是打造符合與友善的國際生教學環境，吸引國際生就讀。

(三) 無法替代

教研人員的研究產出是學校重要的技術性資源，學校應制定獎勵機制鼓勵教研人員積極參與研究，協助申請專利，鼓勵教研人員企業輔導，加強產學合作，或是投入社福、文教、經發等領域發展。

(四) 價值性

提升學校排名，有效的行銷宣傳，積極參與各式活動，優化學校形象，打造學校品牌。

　　筆者服務於某私立科大，早在多年前開始就意識到少子化的危機，持續進行轉型，其具體措施歸納如下：

　　1. 成立專案團隊，爭取競爭型政府標案。目前政府大量釋放職前教育訓練計畫，培育待業者習得工作技術，並協助進入職場，從課程規劃、教學實作到就業媒合，都是學校可執行的項目。統整與善用校內各項資源，並以高品質為目標執行各類專案，透過績效獲得口碑，良性循環不斷取得政府標案，也為學校帶來額外收入。

　　2. 找出市場趨勢，結合學校優勢，規劃出職場所需之證照課程與職能課程，強化推廣教育中心規模與功能，提供在職人士與一般民眾進修管道。配合新南向政策，打造適合國際生的就學環境，包含全英語授課、校園友善規劃（建造禮拜室、販售東南亞商品的商店），規劃打工機制，專責單位關懷輔導等，型塑學校口碑。

　　3. 打造特色系所如土木工程、應用空間資訊、測量製圖學分班、綠色能源研究中心、電競學程、無人機學程等，成立專業證照檢定考場，配合開設專業證照課程，原場考照，從場地、課程、證照整合規劃與實行，吸引學生參加；提供優渥的獎勵機制，鼓勵教師進行研究，申請專利，引領學校教研人員導入企業與社會多元領域，帶動產業升級，並於國內外各項發明競賽取得佳績。

　　4. 除了研究與教學成果之外，透過電競冠軍隊伍與UBA大專籃球聯賽冠軍球隊為號召，成功打造學校優良形象。另外，提供校園與宿舍作為偶像劇拍攝場地，作為學校形象的另類宣傳。

　　依據以上所述整理大學資源競爭優勢具體措施如圖14-3。

稀少性
統整校內資源，成立專案團隊，爭取競爭型政府標案，開拓學校生存與發展空間。

難以模仿
結合市場趨勢與學校優勢(檢定考場)，規劃職能課程，培訓就業人才。

具體化大學競爭優勢

無法替代
打造特色系所，鼓勵教研人員發表、競賽與申請專利，型塑學校教育品牌。

價值性
透過電競冠軍隊伍與UBA大專籃球聯賽冠軍球隊為號召，成功打造學校優良形象。

圖14-3　具體化大學競爭優勢

四、結語

克雷頓・克里斯汀生（Clayton Christensen）於1997年提出「破壞式創新」，「創新」是領先者鞏固優勢、後來者獲得機會的最高原則。大學轉型不應該是學校面臨經營危機才進行，而是早有計畫、策略性的進程。教育雖為百年大計，但毫無特色的學校必定被市場所淘汰，大學轉型的核心是找出定位、發展特色、維持優勢。

(一) 找出符合趨勢的學校定位

學校是扮演主流知識產業的重要角色，必須掌握教育市場競爭的趨勢，發展學校自我的特色與定位，尤其在自由市場上，趨勢與潮流不斷演進，學校無法一招打天下，也不應該盲目跟風，應該全面進行SWOT分析，了解自己的強項，找出符合產業趨勢的學校定位，掌握契機，制定合宜的競爭策略，建立稀少性、難以模仿、價值性與無法替代的競爭優勢。

(二) 發展具有競爭力的學校特色

　　全面診斷學校經營現況，精準鎖定優勢進行發展，留優汰劣，將資源集中投入型塑明星系所與課程，打造具有競爭優勢的學校特色，吸引學生就讀。透過與產業界的合作，應用學校既有資源與專業人才，成為產學研發的轉型平台，與企業優勢互補，分攤企業研發成本；並透過產學合作，為企業客製化專業人才，提升學校研究與教學成效，創造雙贏。

(三) 維持品質績效的學校優勢

　　強化研究與教學品質，開拓政府競爭型標案，強化推廣教育功能，多方穩固財務資源。建構友善的國際生學習與居住環境，打造學校品牌，好的口碑吸引更多生源，深化與強化高品質的教研產出，進一步鞏固學校品牌，如此良性循環，學校優勢將屹立不搖，又何須煩惱少子化浪潮與市場機制的考驗。

參考文獻

一、中文部分

大前研一（1985）。策略家的智慧。長河。

王則閔（2020）。退場機制下，如何避免私校的弊端行為。**臺灣教育評論月刊**，**9**(3)，84-89。

教育部（2019）。大專校院大學1年級學生人數預測分析報告（108～123學年度）。臺北市。

教育部（2020）。各教育階段學生數預測（109～124學年度）結果摘要分析。臺北市。

教育部（2020）。中華民國108學年度大專校院概況統計。

教育部（2020）。中華民國108學年度大專校院新生註冊率統計。

二、英文部分

Clayton, M. C. (2016). *The innovator's dilemma.* Harvard Business Review Press.

Grant, R. M. (1991). The resource-based theory of competitive advantage: Implications for strategy formulation. *California Management Review, 33*, pp.114-135.

第十五章

新冠肺炎疫情與英國高等教育財務危機

張永仁

國立中正大學教育學研究所博士生

詹盛如

國立中正大學教育學研究所教授

　　隨著2019年末中國武漢發生新冠肺炎（COVID-19）疫情，蔓延全球與影響世界正常運轉，同時造成英國高等教育財務危機，甚至面臨倒閉的可能性。本研究動機將分析英國高等教育財務狀況分析與預測，以及英國政府援助計畫。

　　本文以文獻分析法蒐集資料，主要分析與歸納及統整相關研究報告，並探索新冠肺炎疫情對英國高等教育的衝擊、危機與挑戰進行。研究發現2019/2020年留學英國高等教育大學院校國際學生註冊人數減少12萬755名，英國高等教育預計虧損14至43億英鎊，且可用資金天數維持介於200天以下的大學數量一共有165所。這也導致英國政府必須提出援助計畫，主要內涵包括暫時性實施控管學生入學機制、加強清算流程、研究永續發展工作小組、改變學費貸款償還措施、財務機會、對學生的經濟援助及支持國際學生。

一、英國高等教育與新冠肺炎

　　最近幾十年以來，高等教育機構推動國際化愈來愈盛行和普及，不少學生留學海外、教師積極訪學，以及學者進行學術合作交流。事實上，一些學生會選擇留學海外，從南方國家（Global South）前往北方國家（Global North），亞洲地區國家前往歐美國家等，他們期盼可以到已開發國家的高等教育升學，並獲取高品質教育（詹盛如，2017）。國際學生流動漸漸升高，消費市場價值達到約百億美元，招攬外籍生升學，不但長期會對政治帶來效益、經濟與貿易，國家競爭力也會隨著國際學生逐漸增長變得提升許多（戴曉霞，2004）。

　　世界各地發展中國家的學生會選擇留學英國，主要是因為英國高等教育有許多優越之處，如英國學位學制比較短，高品質的教育、卓越的教學、學歷受世界各國認可，以及培育高素質的學生等。根據英國高等教育統計局（Higher Education Statistics Agency, HESA）資料顯示在2018/2019年，英國國際學生人數達到48萬5,645人，來自非歐盟國家地區人數為34萬2,620人，而來自歐盟國家地區則有14萬3,025人。留學

英國前五名國家，排於首位是中國占12萬385人，第二位也是來自亞洲的印度占2萬6,685人，排在第三位的則是美國2萬120人，第四位是香港1萬6,135人，第五位是馬來西亞1萬3,835人（Universities UK International, 2020）。

2019年12月，中國武漢發生新冠肺炎在世界各地傳播快速，世界衛生組織於2020年3月11日宣布為大流行性流感局勢。截至2020年11月24日，全球確診人數達5,871萬2,326人，死亡人數則多達138萬8,528人（世界衛生組織，2020）。這場涉及全球大規模的新冠肺炎疫情，影響各行各業經濟發展，情況無法預期，航空業、旅遊業和教育事業也深受影響。由於英國高等教育國際學生數目龐大，這波新冠肺炎疫情發生，不但許多國際學生無法前往英國升學，英國高等教育也面臨一連串影響，使得高等教育大學院校無法如常運作，導致科學研究、大學無法如期開課。為探索新冠肺炎疫情對英國高等教育的衝擊、危機與挑戰，因此本文採用文獻分析法蒐集資料，主要分析與歸納及統整相關研究報告，探討英國高等教育財務惡化、財務危機狀況、財務狀況預測，以及英國政府援助計畫之情形。

二、英國高等教育財務惡化

目前，新冠肺炎疫情情況還未有好轉，確診病例和死亡人數持續上升，逐漸影響全球經濟發展與危機。新冠肺炎疫情也對英國高等教育構成嚴重財務虧損，由於受到新冠肺炎疫情關係，國際學生留學人數減少，使得大學收入和投資方面都面臨著龐大數額的虧損，這些虧損很可能導致大學的財務問題和危機。根據財務研究機構（Institute for Fiscal Studies, IFS）的分析，英國在高等教育受到疫情期間的影響，在教育領域方面總體虧損約30億英鎊至190億英鎊左右，等同於在這領域年收入的7.5%至50%。若新冠肺炎情況持續嚴重虧損下去，將會有許多大學面臨破產危機，主要因為大學財務淨資產收入減少，進一步增加財務成本，導致大學對未來發展的不確定性，增加不利發展的因素（Elaine

& Ben, 2020）。

　　從2014/15年至2018/19年，英國高等教育大學院校本地學生註冊人數一直維持平均180萬人左右，學生人數沒有明顯變化，反而國際學生人數方面持續不斷增長，從2014/15年國際學生人數有43萬660人，到了2018/19年國際學生人數增長至48萬5,645人，占據英國大學院校總人數238萬3,970人的26%。由於國際學生人數每年都持續不斷增加，爲英國高等教育領域每年都會帶來將近400億英鎊的總收入，占其國家收入的1.8%。在這400億英鎊的總收入當中，有200億是來自學生學費的收入，而來自歐盟和非歐盟國家國際學生的學費就占了約70億英鎊。另外的200億英鎊的收入來源是來自研究計畫與合約項目（research grants and contracts）多達70億英鎊、公共直接資金（direct public funding）約50億英鎊、學生住宿房租約20億英鎊，以及其他小數額的收入，其包括會議和餐飲營運收入4億英鎊。在2018/19年，英國高等教育領域一共獲得405億英鎊的總收入，總支出大約391億英鎊，高等教育領域整體盈餘爲14億英鎊，占收入的3.4%（Bolton & Hubble, 2020; Draton & Waltmann, 2020）。新冠肺炎疫情對於英國高等教育影響衝擊深遠，尤其是在財務管理方面。由於大部分大學院校因爲面對新冠肺炎疫情的影響，許多國際學生無法如期註冊入學，導致國際學生流失。國際學生對於一所大學而言，可帶給大學院校一筆可觀的收入，甚至占據主要收入的最大部分，這筆收入有助於補貼研究經費與活動支出（Bolton & Hubble, 2020）。

三、財務危機狀況

　　根據高等教育統計局資料（如表15-1所示），對於2018/19年英國各大學院校財務淨流動資金維持天數進行全面統計，部分大學院校財務狀況吃緊，可以維持淨流動資金天數少於100天的大學院校多達84所，其中1992年以前成立的大學（Pre-92 other）集團旗下的大學就占了20所，也是八大集團之中占據最多的大學。然而，可以維持淨流動資

金天數介於101至200天的大學院校多達81所，其中1992年升格的大學（Post-92 other）集團旗下的大學院校占了17所。淨流動資金天數維持介於200天以下一共有165所大學院校，這樣的財務狀況，有可能會因為疫情而面臨生存危機（HESA, 2020）。整體而言，不同類型的英國大學校院都因為這波疫情而遭受影響，但是根據財務研究機構（IFS）的資料顯示，有5所大學更是脆弱，可能面臨倒閉關門的危機。雖然這5所大學並未被揭露，但也顯示這波疫情在財務面的影響相當凶猛且具持續性，各界不得不小心應對。從國際學生註冊入學人數統計來分析，最頂尖、大學院校排名較高和國際學生最多的大學，如倫敦大學學院（University College London）、曼徹斯特大學（The University of Manchester）和愛丁堡大學（The University of Edinburgh）等，會面臨較高的財務壓力。但如果他們轉而選擇招收本地英國學生，那麼排名後段的大學將會面臨一定的招生問題和入學註冊率衝擊，最後這些大學也會面臨學生短缺，導致財務陷入危機和虧損（Bolton & Hubble, 2020）。

表15-1　2018/19年度英國各大學可用資金天數（Net Liquidity Days）

集團（Groups）	數量	0-100	101-200	201-300	301-400	401-500	501-600
1. 另外校院（Alternative）	29	14	8	6	1	-	-
2. 繼續教育學院（FEC）	6	3	3	-	-	-	-
3. 主流大學／現代大學聯盟（Million Plus）	19	11	5	3	-	-	-
4. 1992後升格大學（Post-92 other）	32	13	17	1	1	-	-
5. 1992年以前成立的大學（Pre-92 other）	31	20	8	3	-	-	-

（續表15-1）

集團（Groups）	數量	0-100	101-200	201-300	301-400	401-500	501-600
6. 羅素集團（Rusell Group）	24	9	12	3	-	-	-
7. 小型與專業校院（Small / Specialist）	32	12	15	3	1	-	1
8. 大學聯盟（University Alliance）	18	2	13	2	-	1	-
合　計	191	84	81	21	3	1	1

註：

1. 另外校院（Alternative）：非主流院校機構。
2. 繼續教育學院（FEC）：由政府資助的英國教育與技術機構成立的學府，開設學術、職業、技術和專業課程。
3. 主流大學／現代大學聯盟（Million Plus）：由23所大學所組成的非營利組織。
4. 1992後升格大學（Post-92 other）：前英國理工學院或中央機構，通過1992年延續與高等教育法令升格的大學機構，也稱為新大學或現代大學。
5. 1992年以前成立的大學（Pre-92 other）：在1992年延續與高等教育法令通過之前所成立的大學機構。
6. 羅素集團（Rusell Group）：由英國24所一流的研究型大學所組成的集團。
7. 小型與專業校院（Small / Specialist）：規模小型機構和專科院校。
8. 大學聯盟（University Alliance）：2007年由12所專業和技術大學機構成立。
資料來源：整理自高等教育統計局（HESA）資料。

　　英國高等教育大學院校在新冠肺炎疫情期間所面臨虧損，主要來自國際學生註冊率減少、學生住宿（student accommodation）、餐飲營運（catering operations）和會議（conference）收入減少，以及長期投資盈利回酬減少。以下分別詳細分析之。

(一) 國際學生註冊率人數下降

　　由於新冠肺炎疫情的爆發受到全球關注，各國漸漸對國人的健康問題、國際旅遊以及出國留學的限制，估計歐盟與非歐盟國際學生註冊人

數減少12萬755名（London Economics, 2020），國際學生紛紛辦理休學或延遲入學的可能，導致英國高等教育預計虧損約14至43億英鎊。在這樣嚴峻的疫情下，國際學生學費的收入實質減少，導致英國高等教育大學院校的財務虧損與危機（Bolton & Hubble, 2020）。

(二) 學生住宿

隨著國際學生註冊率下降或延後入學情況日益擴大，國際學生面對疫情不可預知的情況之下，國家與國家之間的互訪受到限制，國際航班也面臨停飛，許多學生原本期盼可以實現海外留學／遊學／實習或交換的夢想，因為新冠肺炎疫情的發生，導致他們無法前往海外，因此，英國大學院校的學生住宿費蒙受約20億英鎊的虧損（Bolton & Hubble, 2020）。

(三) 餐飲營運和會議

新冠肺炎疫情期間，無論是在籍本地學生、本地新生或國際學生，都在疫情期間無法到各自大學院校學習，大學院校無法如常運作，使得大學院校餐廳和會議勒令停辦。根據財務研究機構（IFS）估計有關單位預計將會有4億英鎊的營運虧損（Bolton & Hubble, 2020）。

財務研究機構（IFS）對於大學院校辭退員工與否的情況進行成本開支分析與預測，如果大學院校辭退多數的員工，那麼才有可能通過減少員工薪資成本支出以彌補新冠肺炎疫情期間所面臨的虧損；相反的，如果不辭退員工的情況下，大學院校成本節約支出大約只能夠減少6億英鎊的總開支。對於目前高等教育領域，財務虧損與五年前盈餘差不多，如果大學院校現在沒有獲得英國政府的援助，而大學院校財務盈利維持相同水平，那麼2024年的高等教育大學院校財務儲備金的總額與2019年相似（Draton & Waltmann, 2020）。然而，新冠肺炎疫情是否會導致某些大學院校面臨財務破產或危機，應該取決於新冠肺炎疫情

發生以前，該大學院校的財務情況和淨盈利情況而定。

四、財務狀況預測

對於現在英國各個大學因為新冠肺炎疫情，許多大學院校可能面臨財務危機，財務研究機構（IFS）對於英國高等教育大學院校的財務狀況做出了三種情況預測：

1. 在樂觀的情況下，英國本地學生的入學註冊率沒有變化，國際學生和歐盟學生的入學註冊率人數比疫情發生之前相同的情況跌25%，大學院校所支出的大學資助退休金計畫（University-sponsored Pension Schemes）沒有任何虧損，那麼大學院校也不需要額外支出資助退休金的經費，大學院校長期投資盈利收入下跌5%，那麼整體的英國高等教育大學院校將會虧損將近30億英鎊。

2. 在普通一般情況下，英國本地學生的入學註冊率跌10%，國際學生和歐盟學生入學註冊率跌50%，大學資助退休金計畫準備金支出增加25%，大學院校長期投資盈利收入下跌10%，那麼整體的英國高等教育大學院校預計虧損110億英鎊。

3. 在悲觀的情況下，英國本地大學部學生與研究生註冊人數分別下降20%與10%，國際學生和歐盟學生註冊入學人數大幅下跌75%，然後隨著市場經濟低迷，所造成大學資助退休金計畫赤字，準備金支出增加50%，大學院校長期投資盈利收入大幅減少，那麼整體大學院校預計將虧損190億英鎊。

五、英國政府援助計畫

英國高等教育大學院校在新冠肺炎疫情面臨巨大財務危機與破產威脅，英國政府接受大學院校和研究機構建議，在2020年5月4號正式對外頒布「大學與學生援助配套」（Support Package for Universities and Students）緊急因應措施，具體與詳細的做法如下：

(一) 暫時性實施控管學生人數入學機制

　　英國政府採取學生人數控管，暫時實施穩定性入學機制，讓大學院校預先多錄取5%下學年全職和英國本地學生。同時增加1萬名學額，其中5,000名學額提供護理、助產或醫療健康相關課程，以便支援公共服務的重要性。但是大學和學院聯盟（University and College Union）總祕書Jo Grady表示，學生人數控管是不恰當的做法，她認為該做法將使最富裕的大學能夠增加錄取英國本地學生人數，而這將影響其他大學院校的入學人數（University and College Union, 2020）。

(二) 加強清算流程（Enhanced Clearing Process）

　　英國政府預先提供1億英鎊經費作為大學研究經費（University research funding），幫助現有的大學院校，確保研究計畫可以在新冠肺炎危機期間，仍然可持續進行學術工作。大學聯盟（University Alliance）組織執行長Vanessa Wilson表示，這些措施是保護與加強英國研究的第一步，期盼與英國政府一起落實支援配套，並希望政府支持研究與發展活動，創新和知識交流（University Alliance, 2020）。

(三) 研究永續發展工作小組（Research Sustainability Taskforce）

　　在新冠肺炎疫情期間，英國教育部和商業、能源與工業策略部（Department for Business, Energy & Industrial Strategy, BEIS）成立一個諮詢部門工作小組，幫助大學院校在學術研究面對挑戰，以便在疫情後能夠幫助英國經濟復甦。高等教育政策研究中心（Higher Education Policy Institute, HEPI）執行長Nick Hillman表示，大學歡迎有關工作小組的成立，尤其是研究型大學更希望可以獲得更多的研究經費進行研究工作。

(四) 變更學費貸款償還措施（Changes to Tuition Fee Loan Payments）

英國政府允許學生貸款公司（The Student Loans Company）先把2020/21年學年學生的學費（總值26億英鎊），提前支付給大學院校，以便協助大學院校現金流轉。

(五) 財務機會（Financial Opportunities）

作為計畫的一部分，教育部考慮以1億英鎊預算購買土地和建築物等資產，用於合適的高等教育大學院校土地購買計畫。

(六) 對學生的財務援助（Financial Help for Students）

英國政府與學生事務辦公室（Office of Students）聯手合作，表示大學院校可以使用總值4,600萬英鎊的經費，幫助有經濟困難的學生購買電腦設備和網絡器材等。全國學生會（National Union of Students）副主席Claire Sosienski Smith認為這筆經費對於那些正在面對經濟困難的學生將會帶來實際的援助（National Union of Students, 2020）。

(七) 支持國際學生

英國政府認同國際學生對英國所帶來的正面效益，尤其是帶給大學院校的多樣性校園生活，並給予所有學生體驗國際文化與影響力經驗。因此，英國政府將繼續歡迎海外學生，確保大學院校能夠繼續吸引國際學生，並考慮國際教育策略（International Education Strategy），以便因應新冠肺炎疫情的影響，協助處理學生簽證居留問題，讓國際學生畢業後可以留在英國找工作。

「大學與學生援助配套」的公布，紛紛引起許多組織的關注並給予英國政府回應，其中高等教育政策研究中心（HEPI）執行長Nick Hillman表示，這配套有著積極的元素，尤其是現金流的放寬和研究經費的安排，立場鮮明與正面支持英國政府實施「大學與學生援助配套」措施（HEPI, 2020）。然而，大學和學院聯盟（University and College Union）總祕書Jo Grady表示，此支援配套未能提供社區學生和工作人員的保護和穩定性，並且政府應該承擔入學人數下跌所造成的資金虧損，不應該製造大學院校之間的競爭（University and College Union, 2020）。同樣的，持反對立場的勞工黨影子繼續教育與大學部長Emma Hardy則認爲「大學與學生援助配套」是一個令人失望的援助配套，因爲有關援助配套無法爲大學院校帶來長期的保障，況且政府使用學生保費基金（Student Premium Funding）幫助目前有困難的學生，這將會影響和減少日後需要幫助的弱勢學生的機會，呼籲政府必須擬定新的計畫，以便保障英國大學院校的未來（Labour, 2020）。

六、結語

　　英國高等教育大學院校一直都秉持高品質教育、教學卓越、培養高素質的學生等辦學理念與精神，吸引世界無數的國家紛紛選擇到英國留學、訪問、遊學及交流學習。不幸地2019年末發生新冠肺炎疫情，打亂了世界各國之間的流動、互訪、交流計畫，甚至影響層面不只是經濟層次，也包括政治、文化與教育領域。然而，英國高等教育大學院校面對龐大國際學生無法如期註冊入學或延遲入學等因素，導致英國大學院校面臨財務危機。故此，經過多個組織、工會和團體陸續與英國政府會面和拜訪，提出因新冠肺炎疫情衝擊因素，大學院校所面對的種種挑戰和財務危機情形，希望英國政府提供援助。最後英國政府就因應大學院校面對新冠肺炎疫情的影響，並頒布「大學與學生援助配套」，拯救英國大學院校財務危機與挑戰。展望未來，英國大學的財務危機是否能夠化解，與疫情的和緩和恢復有莫大關係，因爲這直接關聯到外國學生所帶來的鉅額收入。令人遲疑的是，即使疫苗成功發明之後，可能依然無法化解人們對於身體健康的疑慮，因此這將使整個外國留學生市場的低

迷狀況持續數年。若是如此，那麼屆時英國高等教育的財務狀況是否能
有效支持就更大有問題了，難保政府需要更積極與有效的支撐措施，否
則大學破產或退場可能也近在咫尺了。

參考文獻

一、中文部分

詹盛如（2017）。亞洲跨境學生流動：哪些品質重要呢？評鑑雙月刊，**70**，19-21。

戴曉霞（2004）。 高等教育的國際化：亞太國家外國學生政策之比較分析。**教育研究集刊，50**(2)，53-84。https://DOI:10.6910/BER.200406_(50-2).0003

二、英文部分

Bolton, P., & Hubble, S. (2020). *Coronavirus: Financial impact on higher education*. The House of Commons Library Publishers.

Draton, E., & Waltmann, B. (2020, July). *Will universities need a bailout to survive the COVID-19crisis?* The Institute for Fiscal Studies Publishers.

Higher Education Policy Institute. (2020). *Response to the Government's new package of support for higher education institutions*. https://www.hepi.ac.uk/2020/05/04/response-to-the-governments-new- package-of-support-for-higher-education-institutions/

Higher Education Statistics Agency. (2020a). *First year higher education (HE) student enrolments by level of study 2009/10 to 2018/19*. https://www.hesa.ac.uk/data-and-analysis/sb255/figure-10

Higher Education Statistics Agency. (2020b). *Where do HE students come from?* https://www.hesa.ac.uk/data-and-analysis/students/where-from

Labour. (2020). *Emma Hardy responds to the government support package for universities and students*. https://labour.org.uk/press/emma-hardy-responds-to-the-government-support-package-for-universities-and-students/

London Economics. (2020). *Impact of the Covid-19 pandemic on university finances*. https://londoneconomics.co.uk/wp-content/uploads/2020/04/LE-Impact-of-Covid-19-on-university-finances-FINAL.pdf

National Union of Students. (2020). *NUS response to government support package for universities*. https://www.nus.org.uk/articles/nus-response-to-government-support-package-for-universities

Universities UK. (2020). *UUK response to UK government announcement on support package for universities.* Publishing.https://www.universitiesuk.ac.uk/news/Pages/UUK-response-to- government-announcement-on-support-package-for-universities.aspx

Universities UK International. (2020). *International-Facts-and-Figures-2020.* https://www.universitiesuk.ac.uk/policy-and analysis/reports/ Documents/International/2020/International-Facts-and-Figures-2020.pdf

University Alliance. (2020). *University Alliance responds to UK Government research support package.* https://www.unialliance.ac.uk/2020/06/27/university-alliance-response-to-uk-government-research-support-package/

University and College Union. (2020). *Government support package for universities doesn't provide protection the sector needs.* https://www.ucu.org.uk/article/10777/Government-support-package- for-universities-doesnt-provide-protection-the-sector-needs

World Health Organization. (2020). *WHO Coronavirus Disease (COVID-19) Dashboard.* Publishing.https://covid19.who.int/

第十六章

美國小型大學校院
如何轉型成功？

李隆盛
國立聯合大學及中臺科技大學前校長
陳裕昌
美國舊金山州立大學教授

一、我國學生數未達五千人的小型大學校院可借鑑美國成功經驗轉型

　　我國行政院於2017年通過的《私立大專校院轉型及退場條例草案》將私立大專校院「全校學生數未達三千人，且最近兩年新生註冊率均未達百分之六十。但宗教研修學院或經主管機關認定辦學績效良好者，不在此限」，列入認定爲專案輔導學校的審核要項（行政院，2017）。又，教育部（2019）《專科以上學校總量發展規模與資源條件標準》第6條規定：「專科以上學校申請各學年度招生名額總量，不得逾前一學年度核定數。但符合下列條件之一，且無第八條第一項各款所列情事，並經本部核准者，不在此限：一、最近一學年度全校新生註冊率達九成以上，且爲配合國家重大政策、辦理教育實驗或其學生人數未滿五千人者，其招生名額並以專科班或學士班爲限。……」因此，我國學生數未達5,000人的大學校院，常被視爲小型校院；未達3,000人的大學校院，則被視爲極小型校院。

　　就2019學年度而言，我國大學校院共140所（不含空中大學及宗教研修學院），其中學生數未達5,000人或3,000人的小型或極小型校院數及其概略分布情形如表16-1。學生人數未達5,000人的小型校院約占所有校院總數的三分之一，且以私立校院和技職校院居多；在極小型校院中，仍以私校校數居多，但一般和技職校院校數則很相近。在我國少子化愈來愈嚴峻的態勢下，固然學生人數少的小型校院不見得是瀕危校院，但因爲學雜費是大多數私立校院經費收入的主要來源，所以，經費收入高度依賴學雜費和學生人數持續下滑的小型私立校院，則常被普遍視爲瀕危校院。

　　《小窗幽記》中有幾句名言如下：「平地坦途，車豈無蹶。巨浪洪濤，舟亦可渡。料無事必有事，恐有事必無事。」意思是：平坦的道路上，車子難道就沒有翻倒的？驚濤駭浪中，小船也可能度過；預料沒事必然會有事，恐怕有事必然會沒事。所以，所有的大學校院的經營管理都要小心謹愼，尤其在巨變中的小型校院就像在驚濤駭浪中的小船，一

表16-1　我國2019學年度小型和極小型校院數及其概略分布情形

學校規模 （學生人數）	合計校數 （%）	依公／私立別分		依一般／技職別分	
		公立 校數（%）	私立 校數（%）	一般大學 校數（%）	技職校院 校數（%）
小型 （未達5,000）	45(32.1%)	10(7.1%)	35(25.0%)	20(14.3%)	25(17.9%)
極小型 （未達3,000）	19(13.6%)	4(2.9%)	15(10.7%)	10(7.1%)	19(13.6%)

註：表中百分比之分母均為大學校院總數140所。
資料來源：教育部，2020；維基百科，2020。

定要盡可能標竿、超前部署、有效轉型以強化體質，使能在消極方面度過難關，在積極方面永續發展。

　　Universitas 21（U21）是世界上唯一針對國家高等教育系統，根據二十四個指標進行評估後排名的計畫。2019年U21第八屆年度排名報告顯示，美國在全部五十個國家高等教育系統中整體排名第一（Williams & Leahy, 2019）。所以，美國小型大學校院如何轉型成功，值得我國參採或標竿。

　　面向全球的2020年，泰晤士世界大學排名中，以學生人數少於5,000人作為界定小型大學的要件（THE World University Rankings, 2020）。美國的小型大學校院也是指學生人數不到5,000人的校院，通常是私立學校，少部分是公立學校（College Data, 2020）。以下介紹美國小型大學校院轉型成功的案例和做法供參。

二、美國獲得ACE機構轉型獎的一所小型大學靠創新的特色方案轉型成功

　　擁有約1,700所經認可及授予學位之大學校院會員的美國教育委員會（American Council on Education, ACE）是全美最具影響力的高等教育協會。ACE／富達投資（Fidelity Investments）集團設置的機構轉

型獎（Award for Institutional Transformation）旨在表揚在高等教育發生巨變時期內，以創新和創意方式應對挑戰而得以蓬勃發展的會員學院或大學（ACE, 2020）。

2020年有兩個學校獲得ACE／富達投資集團機構轉型獎，其中學生人數未超過5,000人的是私立非營利型加州多明尼加大學（Dominican University of California, DUofC）。校址位在舊金山灣區San Rafael市郊的DuofC，創立於1895年，曾經是專收女生的二年制初級學院（junior college）、改制為四年制學院（college）、再改為男女兼收，2000年校名由Dominican College of San Rafael 改為現名。2020學年第一學期該校大學部提供有六十多個主修、副修和專精選項，全校大學部和碩士班共有註冊學生1,837人（Dominican University of California, 2020a; U. S. News, 2020）。

創校已逾一百三十年的DUofC，和其他許多小型大學校院一樣也遭遇生源變化和財務壓力。但是DUofC晚近的創新成果大幅提高了學生和機構的成功率。創新作為包括由教師主導的全面課程大修、和一個以舊金山為基地的編碼學院建立創意的夥伴關係以培養所有學生的數位素養，以及透過實習和獎學金促進學生在附近城市的公民參與（目前正擴大到整個加州）以提供服務賺取學費。所有這些創新作為的核心都在促進學生成功並命名為多明尼加經驗（Dominican Experience）方案：每名學生都有個人化的綜合型教練、投入社區參與、完成招牌工作（如研究計畫、藝術展覽或營運計畫），並發展出可抓住學術旅程的數位歷程檔案。由於上述和其他創新作為，DUofC自2011年以來，畢業率提高了70%以上；2011至2018年間，大學部修讀學位生的族裔多樣性增加了30%（目前為65%）；在這段時間因建立新的合作夥伴關係和創意的推廣活動而獲得的非學費的年度收入增加了一倍以上；校內30%的學生符合聯邦佩爾（Pell）助學金資格且23%是家裡第一個上大學的人，在2019學年第一學期大一升大二的淨留讀率為87.5%，是將近十年來的最高比例（ACE, 2020; Dominican University of California, 2020b）。

　　DUofC的校長Mary Marcy在2020年6月接受採訪時表示，即使學校因COVID-19疫情來襲，迅速啟動了遠距工作和學習，但仍與社區夥伴合作，確保許多服務學習、臨床和實習安置能夠在整個學期中繼續進行。亦即DUofC教職員工確保了支持系統和業務營運持續不斷。但Marcy校長也提及變通，例如疫情期間許多醫院和醫療照護機構都暫停了學生的臨床輪換工作，以致許多高年級學生似乎無法完成足夠的臨床實習時數畢業。護理系就和長期社區合作夥伴聯繫，將針對郡內鄉村地區弱勢和高風險高齡病患的面對面服務方案轉變為遠距護理方案讓學生實習，而註冊護理師委員會也批准了該方案，所以30多名護理學生能夠如期完成畢業所要求的臨床實習時數。這家非營利合作夥伴及其病患很興奮在危機期間仍可和護生們互動。一些學生在實習之後還繼續擔任志工（Griffin, 2020）。

　　上述DUofC的轉型成功係面對問題（畢業率低、休退率高、學生來自文化或經濟不利家庭比例高、學校財務壓力大等）、借重創新的特色方案（主要是多明尼加經驗）、善用社會資源（協助學生透過公民參與／社會服務賺取學費、擴增社會夥伴提高產學合作收入等）。需特別提及的是DUofC的多明尼加經驗方案是從2014年開始實施，到2020年獲獎是花了四年以上的轉型時間才看到成果。其意涵是校院轉型的策略要好、起步要早、步伐要牢。

三、美國小型大學校院有五種營運模式，其中傳統模式以外的四種都是轉型模式

　　Marcy認為美國小型校院的貢獻聚焦在人才培育，而不在學術研究、運動競賽或大型校院採行的許多其他領域之一。培養學生投入有酬工作為社會做出貢獻所需個人和專業能力的小型校院，是美國許多較小和鄉村地區的主要經濟驅動力，也是該地區的主要雇主和工作創造者，但是小型大學校院都承受嚴重的財務壓力，這種壓力在COVID-19疫情爆發後更急劇惡化（例如許多學校短收學費和房舍、營地租金，

又增多防疫支出）。因此呼籲各界要重視小型校院產生的經濟和社會機會，將小型校院視為國家經濟和社會復甦的全面合作夥伴（Griffin, 2020; Marcy, 2020）。

　　美國近年來大學的學齡學生人數下降，特別是小型私立大學校院多的地區之人口變化也呈現對應趨勢，非營利私校的高學費—高財務補助模式因學費優惠率持續攀升，正在降低淨學費收入。大學從以前被視為公共財持續轉向被視為是私人服務，已經導致博雅教育貶值和專業與準專業教育興起。這些變化給小型校院的領導者帶來了巨大壓力，董事會和校長必須決定學校是否要維持現有的運營模式，或者為了強健體質乃至學校存活所需是否該做根本的轉型。對許多校院而言，淨學費收入停滯以及營運模式遭受挑戰，轉型成為勢在必行（Marcy, 2017）。

　　Marcy歸納出美國小型大學校院的五種營運模式如圖16-1所示。採行圖16-1中傳統模式的大多校院都可期待年度運營預算會緩慢而穩定地成長，並透過學費的適度調高聘雇終身職教師、維持較低生師比、進行生活費用調整、有效管理捐贈以支持學生獎學金和核心業務。學校的財務辦公室則確保預算平衡和審計得當並保留校院的特色。這種學校借重募款活動支持重大資本支出，加強提高捐贈以資助重大創新，並歡迎在現有模式中加入新系統、班制或方案。但是無法採行傳統模式存活和永續的校院就需要做出改變，以適應不斷變化的財務現實、生源和品質需求，因而演化出圖16-1中傳統模式以外的其他四種轉型模式（Marcy, 2017）。圖16-1中被列名舉例的校院都是採行各該模式轉型成功的學校，可供標竿。

新美國學院模式	特色方案模式
維持博雅核心和通識教育以及住宿經驗。增多專業班制和研究所班制以加強招生和擴充市場。 舉例：全美絕大多數非菁英取向的小型私立校院。	建置共同的學生教育經驗或招牌方案以提升品質、招募和留讀。大多維持新美國學院模式的核心課程。 舉例：Agnes Scott College, Carroll College, Connecticut College, Dominican University of California, Furman University

傳統模式
主要提供大學部、住宿、博雅課程。原本是信仰和價值本位的機構，如今留存下來的是富有、享有高聲望和憑藉機構品質與聲望招生的校院。 舉例：Amherst College, Pomona College, Swarthmore College, Williams College

擴展模式	擴展和分離模式
保留有限的博雅課程、著重額外的專業和研究所班制，以及入學人數的成長。 舉例：Chapman University, Drew University, Utica College	在分支校區和線上班制廣泛招收額外學生，削減或取消博雅核心課程和住宿校區。 舉例：Antioch University, Goddard College, Southern New Hampshire University

圖16-1 美國小型大學校院的五種營運模式

資料來源：Marcy, 2017.

四、美國小型大學校院轉型：近求存活，遠求永續

　　2017至2018學年度名列在國家教育統計中心（National Center for Education Statistics, NCES）的美國授予學位之四年制和兩年制大專校院共有4,298所，其中1,626所是公立學校、1,687所是私立非營利學校和985所私立營利型學校。整體而言，大專校院的數量正在減少中，尤其是營利型學校和著重博雅教育的小型文理學院。校院關閉（或退場）的主要原因是總體而言，美國的大學數量正在減少，尤其是營利型校院。

　　在私立校院中財務困難和學生人數下降到難以維持（很大程度上是因有負面宣傳、學生難以獲得財務補助和政府對營利型學校做更嚴格規定等所致），而最瀕臨關閉的是800所學生人數少於1,000名的極小型學校，因為規模小的學校幾乎完全依賴學費的收入。小型院校規模、市場區位、市場知名度和品牌的組合主宰了學校的浮沉，而美國出生率的下降也意味大學對學生的爭奪戰將會更激烈（Moody, 2019）。

　　由此觀之，我國小型大學校院也大多和美國小型大學校院遭遇相近的困境。所以，本文介紹的DUofC轉型成功案例和四種轉型模式，都值得我國小型大學校院及其主管機關參考，以便近求存活，遠求永續或超前部署，免陷困境。

　　就「近求存活，遠求永續」而言，Marcy（2017）指出小型大學校院的傳統管家法則是要致力於下列條件的滿足，以維持穩定的收入成長和學生來源：取得捐贈、平衡預算、審計無瑕、管理延期維護、維持低生師比、採行教師終身僱用制、通過認證、達成招生目標、募款推動新計畫、增多新興計畫。當今的問題是上述條件已愈來愈難滿足，穩定的收入成長和學生來源因而愈來愈難達成。所以，近求存活的轉型策略如下：大幅減少非人事費用、僱用更多兼任教師、提高學費、增多學生人數、在某些服務採外包契作或與其他機構合作、加大募款力度、進行再融資借款、進行延期維護。而遠求永續的轉型策略則如下：確認校院使命的基本要素、明辨校院獨特的特色和強項、評估可能的學生人口統計資料、選擇最有前景的小型校院轉型模式、根據選定模式釐訂策略性願景、校準各班制和系統、發展多年可持續發展的預算模型、校準籌款和行銷作為。上述這些有待滿足的條件和需雙管齊下、兼顧遠近的策略，也值得我國小型大學校院參採。

參考文獻

一、中文部分

行政院（2017）。私立大專校院轉型及退場條例。https://www.ey.gov.tw/Page/AE106A22FAE592FD/18ec9d8b-12a1-4e72-ae70-257a003db6d6

教育部（2020）。各級學校基本資料：108（2019-2020）學年度。https://depart.moe.edu.tw/ed4500/News_Content.aspx?n=5A930C32CC6C3818&sms=91B3AAE8C6388B96&s=596D9D77281BE257

維基百科（2020）。台灣大專院校學生數列表。https://zh.wikipedia.org/wiki/%E5%8F%B0%E7%81%A3%E5%A4%A7%E5%B0%88%E9%99%A2%E6%A0%A1%E5%AD%B8%E7%94%9F%E6%95%B8%E5%88%97%E8%A1%A8

二、英文部分

American Council on Education (ACE). (2020). *ACE/Fidelity Investments Award for Institutional Transformation*. https://www.acenet.edu/Programs-Services/Pages/Annual-Meeting/ACE-Fidelity-Investments-Award-for-Institutional-Transformation.aspx

American Council on Education (ACE). (2020). *Amarillo College and Dominican University of California receive ACE/Fidelity Investments Award for Institutional Transformation*. https://www.acenet.edu/News-Room/Pages/Amarillo-College-Dominican-University-of-California-Receive-ACE-Fidelity-Investments-Award.aspx

Dominican University of California. (2020a). https://www.dominican.edu/.

Dominican University of California. (2020b). *Academic Innovation and Excellence*. https://www.dominican.edu/about

Griffin, A. (2020). *How one small college has big plans to thrive after the pandemic*. https://www.forbes.com/sites/alisongriffin/2020/06/24/how-one-small-college-has-big-plans-to-thrive-after-the-pandemic/

Marcy, M. B. (2017). *The small college imperative: From survival to transformation*. https://agb.org/sites/default/files/whitepaper_2017_small_college_imperative.pdf

Marcy, M. B. (2020). Small colleges are essential for U.S. economic, social recovery.

HIGHEREDUCATIONTODAY. https://www.higheredtoday.org/2020/09/11/small-colleges-essential-u-s-economic-social-recovery/

Moody, J. (2019). *A guide to the changing number of U. S. universities.* https://www.usnews.com/education/best-colleges/articles/2019-02-15/how-many-universities-are-in-the-us-and-why-that-number-is-changing

THE World University Rankings. (2020). The world's best small universities 2020. https://www.timeshighereducation.com/student/best-universities/best-small-universities

U. S. News. (20-20). *Overview of Dominican University of California.* https://www.usnews.com/best-colleges/dominican-university-of-california-1196

Williams, R., & Leahy, A. (2019). *U21 ranking of national higher Education systems 2019.* University of Melbourne. https://universitas21.com/sites/default/files/2019-04/Full%20Report%20and%20Cover.pdf

國家圖書館出版品預行編目資料

學校退場與轉型／林海清,姜韻梅,葉建宏,葉貞
妮,陳麗珠,吳善揮,黃宇仲,張智傑,林新發,
賴玉粉,林佳靜,唐彥博,王如哲,劉秀曦,黃
政傑,何慧群,Duc-Hieu Pham,姜秀傑,范振
德,永井正武,王則閔,張永仁,詹盛如,李隆
盛,陳裕昌合著;李隆盛主編. --初版. --臺北
市：五南圖書出版股份有限公司, 2021.07
　面；　公分
　ISBN 978-986-522-826-2（平裝）

1.學校管理　2.文集

527.07　　　　　　　　　　110008250

110T

學校退場與轉型

策　　　劃 ― 黃政傑（297）

主　　　編 ― 李隆盛

作　　　者 ― 林海清、姜韻梅、葉建宏、葉貞妮、陳麗珠、
　　　　　　　吳善揮、黃宇仲、張智傑、林新發、賴玉粉、
　　　　　　　林佳靜、唐彥博、王如哲、劉秀曦、黃政傑、
　　　　　　　何慧群、Duc-Hieu Pham、姜秀傑、范振德、
　　　　　　　永井正武、王則閔、張永仁、詹盛如、李隆盛、
　　　　　　　陳裕昌

發 行 人 ― 楊榮川

總 經 理 ― 楊士清

總 編 輯 ― 楊秀麗

副總編輯 ― 黃文瓊

責任編輯 ― 劉芸蓁、李敏華

封面設計 ― 姚孝慈

出 版 者 ― 五南圖書出版股份有限公司

地　　　址：106台北市大安區和平東路二段339號4樓

電　　　話：(02)2705-5066　　傳　真：(02)2706-6100

網　　　址：https://www.wunan.com.tw

電子郵件：wunan@wunan.com.tw

劃撥帳號：01068953

戶　　　名：五南圖書出版股份有限公司

法律顧問　林勝安律師事務所　林勝安律師

出版日期　2021年 7 月初版一刷

定　　　價　新臺幣350元

經典永恆・名著常在

五十週年的獻禮——經典名著文庫

五南，五十年了，半個世紀，人生旅程的一大半，走過來了。
思索著，邁向百年的未來歷程，能為知識界、文化學術界作些什麼？
在速食文化的生態下，有什麼值得讓人雋永品味的？

歷代經典・當今名著，經過時間的洗禮，千錘百鍊，流傳至今，光芒耀人；
不僅使我們能領悟前人的智慧，同時也增深加廣我們思考的深度與視野。
我們決心投入巨資，有計畫的系統梳選，成立「經典名著文庫」，
希望收入古今中外思想性的、充滿睿智與獨見的經典、名著。
這是一項理想性的、永續性的巨大出版工程。
不在意讀者的眾寡，只考慮它的學術價值，力求完整展現先哲思想的軌跡；
為知識界開啟一片智慧之窗，營造一座百花綻放的世界文明公園，
任君遨遊、取菁吸蜜、嘉惠學子！